KB124042

"산처럼 쌓인 쓰레기는 언제나 고장 난 문명의 첫 번째 신호다."

_ 로맹 가리, 『흰 개』 중에서

ZERO WASTE

지금 우리 곁의 쓰레기

홍수열 고금숙 지음

RESOURCES RECYCLING

제로 웨이스트로 가는
자원순환 시스템 안내서

슬로비

들어가며

쓰레기는 왜 쓰레기가 아닌가

똥糞의 한자를 살펴보면 쌀米의 다른異 모습이라는 해석이 됩니다. 똥은 쌀과 다르지 않다는 뜻인데요. 똥은 벼의 거름이 되고 벼는 쌀이 되어 우리 몸속으로 들어가 다시 똥이 되죠. 생태계의 경이로운 물질순환입니다.

이처럼 생태계 순환 시스템에는 절대적으로 쓸모없는 쓰레기란 없습니다. 어떤 단계에서 쓸모가 없더라도 다른 단계에서는 쓸모 있는 것으로 바뀝니다. 우리가 숨 쉬며 내뱉는 이산화탄소만 해도 몸속 물질대사 과정에서 발생하는 쓰레기지만 광합성을 통해 다시 식물조직이 되잖아요.

요즘 '순환경제'가 대세인데요. 순환경제 하면 추상적이고 어렵게 느껴지지만 알고 보면 간단합니다. 생태계의 아름다운 순환흐름을 닮자는 거죠. 똥이 식물의 양분이 되는 것처럼 쓰레기도 산업의 원료가 되어 계속 경제 시스템 내에서 순환할 수 있으니까요.

제2차세계대전 이후 인류가 누려온 낭비의 시대는 수명을 다하기 시작했습니다. 자원은 부족하고 쓰레기는 넘쳐나요. 파멸이 뻔히 보이죠. 마치 하루만 살 것처럼 지구 곳간을 털어먹는다면 다음 세대는요? 그들에게 몹쓸 짓을 하는 것 아닌가요. 지속 가능한 지구 곳간을 위해선 생태계의 순환흐름을 따라야 합니다.

그런데 순환경제는 가능한가요?

순환경제는 '오래된 새것'입니다. 그렇지만 아직은 '개념'에만 머물고 있어요. 이탈리아의 공산당 지도자 그람시는 "낡은 것은 죽어가는데 새로운 것이 아직 태어나지 않았을 때 위기는 생겨난다"고 했습니다. 이 말이 바로 자원과 쓰레기 위기의 현주소입니다.

온실가스를 인간이 배출한 기체 형태의 쓰레기로 본다면 지금 우리가 직면한 가장 심각한 환경문제인 기후 재앙도 쓰레기 위기로 볼 수 있는데요. 물질 이용의 총체적 난국입니다. 현 시스템의 죽음은 뻔히 보이는데 새로운 것을 찾기 위한 우리의 노력은 더디기만 하니까요.

물론 문제를 개선하기 위한 노력이 예전보다는 많아지고 있지만, 나아지는 속도보다 악화되는 속도가 훨씬 빠릅니다. 기업들도 빠르게 태세를 전환하는 듯해도 실상은 위장 환경주의 경계선에서 줄타기를 하고 있고요. 소비자가 물건을 많이 사야만 기업이 사는, 물건이 빨리 죽어야만 기업이 사는 낭비 시스템이 여전히 경제의 주축입니다.

하지만 이제 재생에너지, 재생 원료를 사용하지 않으면 물건을 만들 수 없는 시대가 오고 있습니다. 산업 전환의 태풍이 몰려오고 있는데 한쪽에선 100퍼센트 재생에너지 전기로 물건을 만들 수 있는지를 따지고 있어요. 국가를 경영하겠다는 사람이 이런 중요한 흐름을 모른다며 당당히 얘기하고, 모르는 게 뭐가 문제냐고 합니다. 이렇게 태평해도 될까요?

2018년 우리 사회는 쓰레기 대란 사태를 겪었습니다. 2019년에는 불법투기로 인해 전국 수백 곳에 쓰레기 산이 생겨났고요. 2020년부터는 코로나 사태로 일회용품 사용이 폭증하죠. 2026년 수도권 생활폐기물 매립이 금지되면 수도권지역부터 쓰레기가 갈 곳을 잃을 수도 있습니다. 위기는 생각보다 훨씬 더 가까이 와 있는지도 몰라요. 변화의 속도를 높여야 합니다.

담대한 전환이 필요합니다

『손자병법』 작전편에 '교지졸속巧遲拙速'이라는 말이 있습니다. 전쟁에서 전략만 따지다 때를 놓치는 것보단 전략이 완벽하지 않더라도 빠르게 대응하는 편이 낫다는 말인데요. 쓰레기와의 전쟁에서도 이것저것 따지는 대신 적극적인 실천이 우선되어야 합니다. 그런데 여전히 우린 입으로만 위기를 말하면서 대책을 책상 위 서류에 방치하고 있죠. 입은 가볍고 걸음은 무겁기만 합니다.

이 책은 쓰레기 위기 상황에서 순환경제를 목표로 뭐라도 해보자는 절박함에서 시작했습니다. 우리의 전작 『그건 쓰레기가 아니라고요』 『우린 일회용이 아니니까』는 쓰레기에 관한 기본 개념과 실천 활동을 소개하는 데 초점을 둔 책인데요. 독자들의 과분한 사랑을 받아왔습니다. 이와 관련한 '심화편'에 갈증을 느끼는 분도 많아졌어요. 이제는 단순히 텀블러를 쓰는 정도의 관심 이상으로 쓰레기 세계를 더 깊이 이해하고 알아야 합니다. 시스템이 변화하기를 마냥 기다릴 수는 없으니까요.

우리 개개인이 시스템의 주체가 되기 위해 반드시 알아야 할 것들을 책에 담았습니다. 생활의 기본 요소인 의식주와 관련해 패스트패션, 음식물 쓰레기, 건설 쓰레기를 종류별로 풀었고요. 심각한 국제 환경 문제가 되고 있는 플라스틱과 전자 쓰레기도 다뤘습니다. 쓰레기의 기본 개념과 현황 및 문제점, 대안 및 실천 방향을 깊이 있고 쉽게 설명하고자 애썼습니다.

1강에서 등장하는 순환경제 개념은 좀 어렵게 느껴질지도 모르겠어요. 그래도 바로 책을 덮지 말고 2강부터 먼저 읽고 다시 보시길 권합니다. 순환경제는 책의 주제를 관통하는 심장에 해당되기 때문입니다. 심장에서 전신으로 피를 공급하듯 각 분야별로 구체적인 해결 방향을 제시해 줄 핵심이죠. 다소 어렵게 느껴지더라도 찬찬히 읽으면서 쓰레기 박사에 도전해 보길 바랍니다.

머리로 생각하면 쓰레기 문제의 전망은 비관적입니다. 기후 위기나 미세플라스틱 문제도 마찬가지고요. 인간이 변할 수 있을 것인지는 지극히 회의적입니다. 그래서인지 기후 위기 우울증이나 쓰레기 우울증에 빠지는 이도 있습니다.

그레타 툰베리는 우리에게 필요한 것은 희망이 아니라 실천이라고 말합니다. 머리로만 생각하지 말고 실천 속에서 의지를 다져보는 건 어떨까요.

공부란 지식을 늘리는 게 아니라 문제의 해상도를 높여 해결 방향을 찾는 과정 자체입니다. 아무쪼록 이 책이 쓰레기 제로 사회를 위해 매일 현장에서 뛰는 제로 웨이스트 활동가와 시민들, 지자체 공무원, 기업 담당자들에게 도움이 되길 바랍니다.

2022년 여름
저자를 대표하여
홍수열

일러두기

○ 이 책은 홍수열, 고금숙, 슬로비 출판사가 함께 기획하고 서울환경연합이

   진행한 세미나 <대담한 쓰레기 대담>을 바탕으로 펴냈습니다.

○ 쓰레기 연대의 방향 ①·②는 제로웨이스트 운동가·한국형 제로 웨이스

   트 매장 운영자·시민 활동가를 초대해 나눈 경험담으로, 각 편 앞부분에

   관련 영상을 볼 수 있는 QR 코드를 담았습니다.

차례

쓰레기가 문제다

무엇을 어떻게 해야 할까

Circular Economy

인간의 모든 활동은 전 지구적으로 연결되어 있습니다. '나'의 소비가 지구 건너편 아프리카의 고릴라 서식지 파괴와 연결되고, 바다에 버려진 쓰레기는 태평양 어딘가에 미세플라스틱으로 떠다니고….

어디 그뿐인가요. 쓰레기를 태울 때 나오는 독성물질 다이옥신은 수백 년 동안 전 세계를 떠돌아다닙니다. 쓰레기가 지역의 문제이자 전 지구적 문제인 이유죠. 우리가 쓰레기를 줄이고 재활용을 잘하려는 노력은 단순히 우리 마을만이 아니라 지구를 지키기 위한 일이기도 합니다.

첫 강에서는 쓰레기 문제를 바라보는 틀을 알려드릴 텐데요. 바로 '순환경제'라는 개념입니다. 날로 심각해지는 기후 위기 대비에도 필요한 인식이죠. 쉽진 않지만 문제의 본질을 봐야 합니다. 쓰레기 문제가 심각해지는 만큼 우리의 고민도 깊어져야 합니다.

순환경제의 시대가 열렸다

"여러분, 쓰레기 하면 뭐가 생각나세요?" 강연에서 종종 이런 질문을 하면 열이면 열 모두 종량제봉투에 들어가는 쓰레기를 이야기합니다. 이렇듯 우리는 범위를 좁게 바라보는 경향이 있는데요. 쓰레기 문제를 향한 이런 협소한 시각이 오늘날 기후 위기를 비롯한 환경문제를 일으키지 않았나 싶습니다.

사실 쓰레기는 종량제봉투에 버린 고체 물질만이 아니라 인간이 배출하는 모든 오염물질을 말해요. 대기 중으로 배출된 이산화탄소는 기체로 된 쓰레기고 수질 오염물질은 액체로 된 쓰레기잖아요. 하늘로, 바다로, 쓰레기통으로 들어가는 오염물질의 배출 원인은 모두 인간이 생산하고 소비한 데서 나왔습니다.

배달 용기, 택배 상자, 완충재, 비닐이 가득 찬 쓰레기통을 볼 때면 한숨이 나옵니다. 우리 집만 해도 이런데 각 가정에서 나오는 쓰레기를 모으면 얼마나 많을까요. 쓰레기가 철철 쏟아지는 소비 감옥에 갇혀 쓰레기 우울증에 걸릴 지경입니다.

쓰레기는 그나마 눈에 보이기라도 하지, 모르는 사이 우리를 덮칠 준비를 하는 것도 있는데요. 자원 고갈 문제입니다. 2022년 인도네시아 팜유 수출 중단으로 터진 식용유 대란 사태에서 보듯, 자원 부족은 언제든 일상을 덮칠 수 있어요. 우리는 지금 누리고 있는 일상이 영원할 거라고 착각하지만 지금처럼 기후 위기와 쓰레기 문제가 누적되다간 언제 무너져 내릴지 모릅니다. 식량, 목재, 금속, 에너지 등 모든 자원의 공급이 불안하고 점점 더 심해져 가고 있으니까요.

이런 급박한 상황에서 순환경제는 쓰레기 문제뿐만 아니라 날로 심각해지는 기후 위기 대비책으로 등장했습니다. 온실가스 배출량의 절반 이상이 제품의 생산과 소비에 연관되어 있기 때문인데요. 물질을 소비하는 방식을 바꾸지 않고서는 온실가스를 도저히 줄일 수 없습니다. 왜 그럴까요?

플라스틱 사용량이 증가하면 플라스틱 쓰레기를 태우는 과정에서 온실가스가 배출되죠. 먹거리도 온실가스와 무관하지 않아요. 육식을 줄이지 않으면 소를 키울 때 트림이나 방귀로 배출되는 온실가스도 줄일 수 없으니까요.

온실가스 배출을 줄이려면 자원을 덜 소비하고, 쓰더라도 재생 원료를 사용해야죠. 기후 위기를 막는 방패는 에너지전환과 물질 전환, 즉 순환경제가 되어야 합니다. 환경문제가 심각해지면서 지구의 자연과 기후는 임계점을 넘어가고 있습니다. 인류세 위기라는 표현이 상징적이죠.

인간 때문에 생물들이 위태로운 상황입니다. 우리의 물질 소비 시스템을 근본적으로 뜯어고치지 않고서는 이 위기를 해결하기 어려운 상황에 이르렀어요. 산업의 근본적인 재편이 필요한 때입니다. 피하려고 해도 피할 수 없는 거대한 흐름이고요.

태우거나 묻으면 되는데 무슨 문제?

현대 사회에서 쓰레기는 왜 문제로 떠올랐을까요? 쓰레기가 급속도로 증가하고 독성도 강해졌기 때문입니다. 게다가 쓰레기의 성질도 원인인데요. 플라스틱이나 전자제품, 화학물질이 쓰레기를 더 독하게 만들고 있죠. 분해도 잘 안될뿐더러 유해 물질 사용량이 증가하면서 관리하는 데 점점 더 까다로워지고 있습니다.

순환경제 전문 연구기관인 서클 이코노미Circle Economy의 분석에 따르면 전 세계 자원 소비량은 2021년 1014억 톤으로, 2000년 549억 톤 대비 1.8배 증가했습니다. 이 추세대로라면 향후 천연자원 공급량이 어마어마하게 증가해야 할 텐데요. 과연 공급할 수 있을까요? 세계 최대 경영컨설팅 기관인 액센츄어Accenture는 2050년이 되면 천연자원 공급량이 최소 100억 톤에서 최대 480억 톤까지 부족해질 우려가 있다고 봅니다.

우리가 지금처럼 사용한다면 천연자원 채굴로 인한 생태계 파괴와 쓰레기 증가로 인한 환경오염은 계속 악화할 수밖에 없어요. 우울한 잿빛 세상이 눈앞에 펼쳐져 있습니다. 세계은행에 따르면 전 세계 생활 쓰레기 발생량은 20억 톤인데 그중 불과 19퍼센트만 퇴비화 등으로 재활용되고 나머지 60퍼센트 정도는 버려지거나 비위생적으로 매립되고 있어요(2016년 기준). 이런 상황에서 쓰레기는 계속 증가세라 걱정입니다. 2030년에는 34억 톤으로 1.5배 증가할 것으로 보고 있어요.

여기서 놀라운 점은 한국의 생활 쓰레기인데요. 전 세계 생활 쓰레기 발생량의 약 1퍼센트(연간 2300만 톤)가 한국에서 발생합니다. 인당 일평균 쓰레기 발생량을 보면 2015년 0.97킬로그램에서 2020년 1.16킬로그램으로 5년 새 20퍼센트나 증가했습니다. 쓰레기를 줄여야 한다고 말은 하지만 실제로는 계속 배출량이 늘었다는 뜻이죠. 2018년 쓰레기 대란을 겪으며 온 국민이 쓰레기 문제를 체감했는데 쓰레기 발생량은 오히려 더 증가하고 있으니 아이러니한 상황 아닌가요.

그렇다면 생활 쓰레기는 어떻게 처리되고 있을까요? 2020년 기준으로 재활용률은 음식물 쓰레기까지 포함해서 약 60퍼센트인데요. 왠지 거짓말 같죠. 통계의 속임수에 많이 당하다 보니 실제 재활용률은 이보다 낮을 것 같은데요. 맞습니다. 이 통계에는 거품이 껴있어요.

우리나라 재활용 통계에서 주의해야 할 점이 있는데, 바로 쓰레기를 태워 에너지를 회수한 양입니다. 국제적으로 통상 리사이클링recycling 이라고 하면 물질 재활용을 뜻하지, 쓰레기를 유연탄 등의 대체 연료로 사용하는 에너지 회수energy recovery를 포함하진 않거든요. 그런데 한국은 이것도 재활용으로 분류해요. 즉 우리나라 재활용률은 국제 기준에 비해 과다 집계된 거죠. 국제 기준에 맞춰 재활용률에서 회수된 에너지 양을 제외하면 50퍼센트 정도가 실제 재활용률입니다. 전 세계 평균 재활용률인 20퍼센트와 단순 비교하면 무려 2배 반이나 돼요. 이 수치만 보면 한국은 독일과 함께 세계 최고 수준인데요.

사실 재활용률을 국가 간 단순 비교하는 건 의미가 없습니다. 우리나라 상황에 맞춰 평가해야 하니까요. 국내 쓰레기 여건에 비춰 볼 때 재활용률 50퍼센트가 쓰레기 관리를 지속 가능하게 하는 안전한 수치인지부터 따져봐야 합니다.

한국은 좁은 국토에 인구와 산업 시설이 밀집해 있어 쓰레기 배출 밀도가 매우 높아요. 단위 면적당 쓰레기 발생량이 미국의 7배나 되죠. 미국은 재활용률이 32퍼센트밖에 안 되지만, 쓰레기 위기 지수로는 한국이 오히려 높은데요. 그러니 50퍼센트나 재활용한다는 사실에 안도하기보단 여전히 쓰레기 절반을 태우거나 묻고 있다는 위기의식을 느껴야 합니다. 갈 길이 구만리입니다. 우리가 긴장을 풀고 잠깐이라도 정신 줄을 놓으면 언제든지 쓰레기 대란이 발생할 수 있습니다.

쓰레기는 쓰레기가 아니다

쓰레기의 발생과 처리 현황을 대략 살펴봤는데요. 이렇게 가다간 머지않아 우리 동네 곳곳에 쓰레기 산이 생길지도 모를 상황이죠. 프랑스 소설가 로맹 가리가 1960년대 미국에서 겪은 일을 토대로 쓴 소설에 이런 말이 나와요. "산처럼 쌓인 쓰레기는 언제나 고장 난 문명의 첫 번째 신호다." 어쩌면 지금 우리가 맞닥뜨린 문제를 예견이라도 한 걸까요?

치워도 치워도 쌓인다는 건 뭔가 문제가 있다는 거잖아요. 쓰레기를 계속 치우는 방식으로는 문제를 해결할 수 없다는 확인이기도 하고요. 이제 우린 버려지는 쓰레기에 대한 사고의 전환이 필요합니다. 현재의 물질 소비 방식을 벗어나 순환경제로 하루빨리 전환해야 합니다.

순환경제라는 개념은 1966년 경제학자 케네스 볼딩Kenneth Boulding이 제안해 1990년대 들어 많은 학자들이 발전시켜 왔는데요. 핵심을 요약하면, 자연 생태계 물질 흐름처럼 인간의 경제 체계 내에서도 물질이 버려지는 것 없이 순환할 수 있다는 것입니다.

이 개념이 실제로 의미를 갖기 시작한 시점은 2000년대 이후 세계화에 따른 대다수 국가의 경제 성장으로 자원 소비량이 유례없이 증가하면서부터인데요. 그로 인해 자원 가격이 급등하고 변동 폭이 커져 자원 관리가 불안정해졌죠. 어떻게 하면 한정된 자원을 효율적으로 사용할 수 있을지, 그 방안으로 순환경제의 필요성이 높아졌습니다.

다행히도 2010년 순환경제 전문 연구기관인 엘런 맥아더 재단Ellen MacArthur Foundation이 설립되어 순환경제의 의미와 효과를 구체적으로 제시한 보고서를 계속 발표하고 있습니다. 2015년에는 EU가 순환경제 청사진을 담은 실행계획을 발표하면서 순환경제 개념은 단순 이론을 넘어 실물경제에 영향을 미치는 중요 정책이 되었죠.

순환경제는 자원을 반복 사용함으로써 천연자원의 투입과 쓰레기를 비롯한 오염물질 배출이 최소화된 경제 시스템을 말합니다. 자연 생태계의 물질순환처럼 물질과 에너지가 완결된 형태로 순환되는 경제 체계를 만드는 거죠.

반대되는 개념으로는 **선형경제**가 있습니다. 자원을 쓰고 버리면 그대로 쓰레기로 배출되는 시스템으로 물질의 흐름이 직선이어서 선형경제라고 하죠. 이런 흐름은 자원 고갈과 쓰레기 처리 문제를 불러옵니다.

선형경제와 순환경제 사이에는 **재활용경제**가 있는데요. 선형경제와 달리 자원을 쓰고 바로 버리는 게 아니라 한 번 재활용하고 버립니다. 그렇지만 물질의 흐름은 선형경제와 별 차이가 없는데, 재활용이 선형적인 물질 흐름에 직접적으로 영향을 미치지 못했다는 것을 의미합니다.

자원 투입	자원 투입	자원 투입
쓰레기 배출	쓰레기 배출	쓰레기 배출
순환경제	**선형 경제**	**재활용 경제**

현재 우리 상태가 바로 재활용경제인데요. 재활용만 되면 당연히 순환경제로 갈 것 같은데 왜 쓰고 버리는 흐름에서 벗어나지 못할까요? 분리배출을 열심히 해도 쓰레기 문제가 계속 심각해진다니 답답하죠. 이 질문은 우리의 이런 갑갑증과도 연결되는데요. 지금 우리가 하고 있는 분리배출과 재활용은 무엇이 문제일까요?

재활용하는데 물질 흐름의 근본적 변화가 일어나지 않는 이유, 즉 자원 고갈 및 쓰레기 문제가 여전히 해결되지 않는 이유로는 다음 세 가지를 들 수 있습니다. 끊임없는 소비량의 증가, 낮은 재활용률, 천연 원료를 완벽하게 대체할 수 없는 저품질 재생 원료. 바로 이들이 순환 경제로 가는 발목을 붙잡고 있는데요. 하나씩 차근차근 들여다보겠습니다.

먼저 **끊임없는 소비량의 증가**. 물질 소비가 계속 증가하면 재생 원료만으로 필요 자원을 충당하기 어렵습니다. 자원 100개를 소비하면 쓰레기 100개가 나오는데 이를 모두 재생 원료로 만든다 해도 물질 소비량이 150개로 증가하면 나머지 50개에는 천연 원료를 투입해야 하니까요.

다음은 **낮은 재활용률**. 모든 쓰레기를 100퍼센트 재활용하지 못하는 문제입니다. 전 세계 평균 재활용률이 20퍼센트라고 했잖아요. 20개만 재활용되고 80개는 쓰레기로 버려진다는 거죠. 소비 총량이 100개로 고정돼 있어도 버려지는 80개만큼 천연자원이 투입되어야 합니다.

마지막으로 **재생 원료 품질이 천연 원료보다 낮다는 점**인데요. 위의 경우 소비 총량 100개를 모두 재활용해도 재생 원료 품질이 낮으면 고품질 제품이 나올 수 없어요. 그러니 100개의 재생 원료가 만들어지더라도 일부만 사용되고 나머지는 다시 쓰레기로 버려지게 됩니다.

이 세 요인이 재생 원료만으로 우리가 필요한 원료를 조달할 수 없는 이유입니다. 인간이 필요로 하는 자원의 총량과 재생 원료 공급량의 차이를 **순환성 차이**Circularity Gap라고 하는데, 무려 91퍼센트나 됩니다. 재생 원료 비율이 9퍼센트, 천연 원료 비율이 91퍼센트라는 뜻이죠(2020년 기준). 이 수치가 낮아져야 순환경제에 가까워질 텐데 여전히 갈 길이 멀고 험해요. 집 한 채 사려고 마음먹은 뒤 통장 잔액을 보는 심정처럼 아득해집니다.

그럼 어떻게 해야 할까요? 두 손 놓고 포기할 수는 없잖아요. 어떻게든 물질 소비를 줄이고 재활용률을 100퍼센트 가까이 올리면서 재생 원료를 천연 원료 수준으로 높여야 합니다. 이를 위해선 세 줄기의 대책이 필요한데요. 이 방향에 맞춰 생산자와 소비자가 무엇을 해야 할지 실천 과제가 나와야 합니다.

하나, **강력한 물질 총수요관리를 통해 물질 소비량을 줄여야 합니다.** 정부는 장기적인 자원의 총소비량을 정해 물질 종류별로 구체적인 실행 계획을 세워야 하고, 기업도 물질 소비 감량 전략을 발표해야죠. 이를테면 건설 산업은 공사 중 낭비되는 철근이나 골재 양을 파악해 줄일 방법을 찾고, 패션산업은 일회용처럼 소비되는 패스트패션 소비문화를 바꿀 방법을 모색하는 것입니다.

타이어 제조회사인 미쉐린의 혁신이 좋은 예가 될 텐데요. 이 회사는 자동차 소유주에게 타이어 마모량을 줄이는 최적의 운전 방법을 컨설팅해 줍니다. 이전에는 타이어를 팔아 돈을 벌었다면 지금은 고객들에게 타이어를 오래 쓸 방안을 제공하고 수수료를 받는 역발상 접근인 거죠.

이런 식의 혁신이 전 산업 분야별로 '구체적으로' 일어나야 합니다. 생산자는 과대 포장을 줄이면서 일회용 포장재를 다회용기로 바꾸는 시도를, 소비자는 과포장 제품과 일회용품 사용을 줄이는 실천을 해야죠. 생산자는 튼튼하고 수리하기 쉬운 제품을 만들고 소비자는 수리해서 오래 써야 하고요. 2년마다 휴대폰을 바꾸고 일회용 컵 두 개를 겹쳐 음료를 마시는 건 '비정상'으로 인식해야 합니다. 소비자가 제품을 사야만 기업이 사는 악순환을 끊어야죠. 덜 소비해도 기업도 살고 지구도 사는 길로 가야 합니다.

이렇게 사회경제 시스템 전 분야에 걸쳐 변화가 필요한데요. 시스템 전환이 제대로 잘 진행되는지 평가하려면 국가 단위로 물질 종류별 총량 관리 목표를 설정해야 합니다. 가령 2030년까지 플라스틱 소비량을 얼마나 어떻게 줄일 것인지에 대한 목표와 계획을 세워야 하는 거죠.

둘, 강력한 순환 관리를 통해 재활용률을 100퍼센트 가까운 수준으로 높여야 합니다. 재생 원료의 공급량이 증가해야 하는 문제인데요. 천연자원을 대체해서 재사용·재생 원료 기반으로 자원이 공급되는 체계를 '순환 공급망'이라고 하는데, 사용 후 버려지는 물질들이 쓰레기로 처리되지 않고 다시 자원 공급망에 들어오는 거죠.

재활용률을 높이려면 정부가 나서서 강력히 규제해야 합니다. 생산단계에서 재사용·재활용이 가능한 제품을 만들어야 하고요. 앞으로 재사용·재활용이 어려운 제품은 시장에서 퇴출시켜야 합니다. EU에서는 이미 플라스틱의 경우 2030년까지 100퍼센트 재사용·재활용이 가능하도록 재질 구조를 바꾸겠다는 목표를 제시하고 있어요.

이와 함께 다양한 품목에 보증금 제도를 적용해 판매점 같은 데서 재활용품을 모으는 활동도 필요하고요. 보증금 제도가 적용되지 않더라도, 일반적인 분리배출로는 재사용·재활용이 어려운 품목들을 제로웨이스트 매장 등을 통해 모으는 방법도 활성화해야 합니다. 생산단계에서 재질 구조가 바뀌고, 품목 특성에 맞는 분리배출 체계 아래 소비자들이 올바른 분리배출을 실천하면 쓰레기로 버려지는 양이 획기적으로 줄어들 것입니다.

셋, **업사이클링을 통해 재생 원료의 품질을 높여야 합니다.** 재생 원료를 고품질로 높이는 재활용을 '업사이클링', 재활용할수록 품질을 떨어뜨리는 것을 '다운사이클링'이라고 하는데요. 지금 우리가 하는 재활용 대부분은 다운사이클링인데 순환경제로 가려면 반드시 업사이클링으로 가야 해요. 업사이클링은 물질의 불로장생 프로젝트입니다. 우리는 업사이클링의 개념을 버려진 가죽으로 새 가방을 만드는 등의 활동으로 좁게 해석하는데요. 물론 이런 활동도 의미 있지만 고품질 재생 원료를 만들 수 있게 재활용 수준부터 높여야 해요. 업사이클링을 좁은 틀 안에 가두지 말았으면 합니다.

재생 원료의 품질이 높아져야 모두 천연 원료 대체제로 쓸 수 있어요. 저품질 재생 원료는 만들어봤자 수요처가 없어 쓰레기로 버려야 하니까요. 기껏 재활용해 놓고 다시 버리는 허탈한 낭비는 아예 없어야 합니다.

재생 원료 품질을 높이는 문제 역시 생산단계가 변화되어야 하고 올바른 분리배출이 따라줘야 하는데요. 한 가지 덧붙이면 기술의 고도

화도 절실하죠. 재활용 단계에서 고품질 재생 원료를 만들 수 있어야 하니까요. 재활용 선진 기술에 투자가 많아져야 합니다.

끝으로, 순환경제 하면 빠질 수 없는 페트병 이야기를 해볼게요. 현재 우리나라 페트병 사용량은 17년 만에 3배 이상 증가했는데요. 재활용률은 비교적 높은 수준인데 사용량이 계속 늘어난다는 문제가 있어요. 그로 인해 소각 및 매립 처리된 양은 3.3배나 늘었고 그만큼 신규 원료 사용량도 증가했습니다. 재활용에 앞서 페트병 사용량부터 줄여야 하는 이유죠. 회의에 가면 자리마다 어김없이 페트병 생수가 보이는데요. 공공기관이 먼저 페트병 퇴출에 앞장서야 합니다.

	2003년	2020년
패트병 사용	10만 톤	32만 톤
재활용률	78퍼센트	75퍼센트
소각 매립	2만 4,000톤	8만 톤

방송에서 국회나 정부 기관의 회의 장면이 나올 때 페트병에 종이컵이 꽂혀 있는 모습을 보면 한숨이 나옵니다. 가정에선 또 어떤가요. 수돗물을 끓이거나 정수기를 써도 되는데 생수를 주문해 먹느라 페트병이 쌓이게 되죠. 아이들에게 억지로 환경 교육을 할 게 아니라, 되도록 정수기를 사용하고 외출할 때 텀블러를 챙기는 습관을 들이는 게 중요합니다.

무엇보다 페트병 감량이 우선이고 그다음이 재활용입니다. 이미 사용된 페트병은 100퍼센트 재활용되도록 해야 하고요. 우리나라도 페트병 재활용을 열심히 하고는 있는데 재활용률 80퍼센트의 벽은 넘지 못해요. EU에서는 2030년까지 페트병 재활용률을 90퍼센트 이상 높이는 목표를 두고 있고, 특히 독일은 이미 음료 페트병 재활용률이 98 퍼센트 수준입니다. 독일처럼 병당 보증금 300원을 부과하는 방식을 도입해 재활용률을 90퍼센트 이상 올려야 할 텐데요. 지금과 같은 분리배출 방식으로는 쉽지 않아 보입니다.

그 밖에 페트병 재생 원료 품질도 중요합니다. 페트병 순환의 목표는 **페트병이 다시 페트병으로**Bottle to Bottle 재활용되는 것이니까요. 이처럼 같은 용도로 물질이 계속 순환하는 흐름을 **닫힌 고리 재활용**이라고 하는데, 이를 위해선 재생 원료의 품질이 지금보다 훨씬 더 높아져야 해요. 음료를 담는 용도로 사용하려면 원료가 아주 깨끗해야 하고 유해 물질에 오염되면 안 되거든요. 음료 페트병만 따로 모아 재활용하는 정교한 재활용 체계가 만들어져야죠. 안타깝게도 우리나라에서 재활용되는 페트병 재생 원료 대부분은 폴리에스터 섬유가 되고, 다시 페트병이 되는 비율은 1퍼센트 미만에 불과합니다.

페트병을 재생섬유로 재활용한 다음 옷을 만드는 작업은 '페트병 업사이클링'이라고 하는데요. 이것도 의미 있는 일이지만 순환경제 관점에서 보면 반쪽짜리 업사이클링에 불과합니다. 왜냐하면 페트병 재생섬유로 만든 옷은 다시 섬유로 재활용되지 않기 때문이죠. 페트병 옷의 다음 단계는 바로 소각이거든요.

이처럼 다른 용도로 재활용 후 쓰레기로 버려지는 흐름을 **열린 고리 재활용**이라고 합니다. 대개 한두 번 활용되고 나서 쓰레기로 버려짐

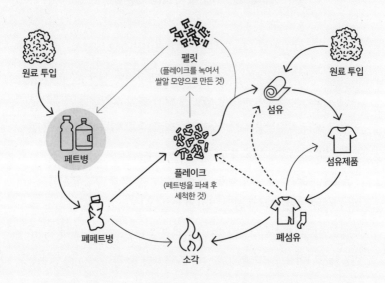

닫힌 고리 재활용 ・ **열린 고리 재활용**
페트병을 다시 페트병으로 반복 재활용하는 흐름을 닫힌 고리 재활용이라하고, 섬유로
재활용한 후 쓰레기로 처리되는 흐름을 열린 고리 재활용이라 한다. 순환경제로 가기
위해서는 닫힌 고리로 반복 순환하는 재활용 체계를 만들어야 한다.

니다. 순환경제로 가려면 닫힌 고리 재활용이 우선이지만 열린 고리
재활용으로 가더라도 순환의 고리가 끊어지지 않도록 계속 재활용할
수 있어야 합니다.

쓰레기는 어떻게 자원이 되는가

순환경제 개념과 필요한 대책을 큰 틀에서 살펴봤는데요. 의식주 전반에 걸쳐 물질 소비량과 쓰레기 발생량을 줄일 방법은 2강부터 구체적으로 다루고, 여기서는 재활용 문제를 어떻게 해결할지 알아보겠습니다.

재활용은 생산에서 소비, 배출, 선별에 이르는 전 과정이 유기적으로 이어져야만 원활하게 이뤄집니다. 잘 만들고, 잘 버리고, 잘 모으고, 품목별로 잘 구분해서 재생한 후 다시 원료로 투입해야 순환 시스템이 원활해지니까요. 자기 혼자 잘났다고 세상이 잘 돌아가진 않잖아요. 함께 손잡고 가야 세상이 좋아지죠.

재활용을 잘하려면 먼저 소비자가 잘 버려야 합니다. 각 가정에서 열심히 분리배출을 하고 있는데요. 재활용품의 40~60퍼센트 정도는 선별 시설에서 쓰레기(선별 잔재물)가 됩니다. 이렇게나 많은 양이 다시 버려지는 이유는 시설 탓도 있지만 시설에 들어오는 '재활용품인 듯 재활용품 같

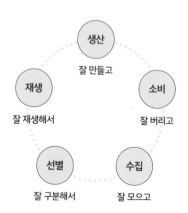

생산
잘 만들고

소비
잘 버리고

재생
잘 재생해서

수집
잘 모으고

선별
잘 구분해서

지 않은' 쓰레기 상태의 영향이 더 큽니다. 한마디로 애초에 재활용할 수 없는 쓰레기가 수거되어 들어온다는 뜻이죠. 분리배출의 목적은 재활용이잖아요. 그러니 잘 선별되도록 제대로 내놓아야 분리배출의 목적을 달성할 텐데, 그러지 않으면 출발부터 심하게 삐걱거리게 됩니다.

우리는 분리배출 '양'에 어떤 강박이 있어요. 종량제봉투를 줄이는 일이 미덕이 돼버렸죠. 정부나 언론에서도 그동안 재활용품을 종량제로 버리지 않는 데만 초점을 두고, 어떻게 버려야 하는지는 신경 쓰지 않았습니다. 그러다 보니 쓰레기봉투가 얼마나 줄었는지가 성과 지표가 되고 말았는데요. 그사이 선별 시설에는 골라낼 수 없는 쓰레기가 밀려들며 비명이 터지고 있습니다. 우리뿐만 아니라 다른 나라에서도 나타나는 문제인데요. 소비자가 주관적인 바람을 담아 쓰레기를 마구 분리배출하는 **위시 사이클링**wish cycling 문제가 외국 자료에도 많이 나옵니다.

그럼 어떻게 해야 '정확하게' 배출할 수 있을까요? 우선 분리배출 표시가 되어있는 품목은 분리수거함에 잘 내놓으면 됩니다. 표식이 곧 수거 후 재활용하겠다는 생산자의 약속이자 소비자가 재활용 비용을 부담했다는 뜻이니까요. 이 내용을 전제로 제품 가격에 재활용 비용을 포함한 겁니다. 따라서 이 표시가 있으면 소비자는 당연히 분리배출을 해야 하고 생산자는 재활용할 수 있도록 조치해야죠.

간혹 분리배출 표시가 있는 화장품이나 즉석밥 용기가 실제론 재활용이 안 되니 분리배출하면 안 된다는 얘기도 있는데요. 소비자를 헷갈리게 만드는 말입니다. 표시된 품목을 배출하는 행동은 소비자의 당연한 권리거든요. 만약 재활용이 안 되고 있다면 책임의 주체인 생산자에게 재활용을 요구하는 게 맞습니다.

문제는 분리배출 표시가 없는 품목인데, 너무 많아요. 선별 시설에서 작업하는 품목이어야 하는데 소비자가 일일이 알기 어렵죠. 따라서 구체적인 품목별 정보를 소비자가 필요할 때 쉽게 찾을 수 있는 온라인 정보제공 시스템이 필요해요. 현재 이용할 수 있는 서비스는 **내손안의 분리배출** 앱인데 한계가 있죠. 분리배출 홈페이지가 구축되어 있고 해당 내용을 사람들이 주로 이용하는 앱에서 본다면 어떨까요. 나아가 기술이 발전해서 일일이 찾아보는 대신 카메라 인식으로 알려주는 시스템이 나오면 더할 나위 없겠고요.

부피가 아주 작거나(빨대, 볼펜, 일회용 인공눈물 용기, 안약 용기, 일회용 커피 캡슐, 알루미늄 마개 등) 수량이 아주 적거나(실리콘 재질) 끈이나 줄로 된(노끈, 이어폰 등) 것들은 분리배출해도 선별하기 어려워 쓰레기로 버려야 합니다. 선별 시설에서 이런 것까지 꼼꼼히 골라내려면 비용도 많이 들뿐더러 작업 속도도 떨어져 배보다 배꼽이 더 커지는 상황이 되죠.

해결책이 없진 않아요. 일단 따로 모아야 합니다. 판매점이나 기타 거점을 정해서요. 고맙게도 제로 웨이스트 매장이 나서서 부피가 작은 재활용품을 모으는 수집소 역할을 하고 있어요. 자발적인 시민 참여형 모델도 좋지만 생산자가 좀 더 적극적으로 나서야 합니다. 한 커피 회사는 커피 캡슐을 재활용하는 캠페인을 하고 있는데요. 칫솔, 볼펜, 인공눈물 용기, 레고 조각, 카드, 충전 잭 등도 대상이 될 수 있어요. 생산자가 판매망을 통해서 모으거나 생협 매장 혹은 제로 웨이스트 매장과 손잡고 모으는 협력 모델을 제안합니다.

분리배출의 원칙과 기준으로 반드시 유념해야 할 점은 위생과 안전입니다. 먼저 위생 문제부터 보자면, 왜 재활용품을 깨끗하게 씻어서 버려야 할까요? 작업자가 손으로 만져야 하는 재활용품 수거 및 선별 작업의 특성 때문입니다. 음식물이 묻은 채로 재활용품을 버리면 냄새나고 곰팡이도 생기잖아요. 특히 여름철에 작업한다고 생각해 보세요. 만지는 것도 고역인데 상태까지 안 좋으면 얼마나 힘들겠어요.

20년 전 처음 선별 시설에 갔을 때가 떠오릅니다. 구더기가 붙은 쥐 사체에다 똥 묻은 기저귀, 파랗게 곰팡이 핀 닭 뼈… 하마터면 토할 뻔했죠. 20년 전이나 지금이나 여전한 풍경입니다. 작업자의 위생 환경뿐만 아니라 재생 원료 상태도 나빠질 게 뻔한 상황이에요.

강의할 때 용기 세척을 강조하면 폐수 문제를 지적하는 분이 꼭 있습니다. 아마 씻는 과정이 당장 눈에 띄니 마음에 걸리는 거겠죠. 이런저런 환경문제를 우려하는 마음은 이해가 돼요. 그렇지만 문제를 큰 틀에서 바라볼 필요가 있습니다. 소비한 이상 환경문제는 피할 수 없잖아요. 쓰레기를 배출하면서 환경에도 좋은 행복한 선택지는 존재하지 않습니다. 제품의 생산과 소비 그리고 폐기에 이르는 전 과정에서 발생하는 환경영향을 평가하면, 씻지 않은 용기는 재활용이 안 되니 세척한 후 배출하는 편이 그나마 나은 선택입니다. 작은 죄책감은 일단 물에 같이 흘려보내기로 하고요.

다음은 안전 문제인데요. 유리 조각, 바늘, 송곳, 주사기, 칼 같은 날카로운 물질은 수집과 선별 과정에서 작업자의 안전을 위협하거든요. 베이거나 찔릴 수 있는 물건들은 재활용품으로 내놓지 말고 두꺼운 종이로 잘 싸서 종량제봉투에 버려야 합니다. 가능하다면 일본이나 미국처럼 별도 수거함을 통해 따로 모으는 게 좋아요. 선진국형 쓰레기 관리 체계란 단순히 재활용을 잘하는 데 그치지 않고 처리 과정에서 작업자를 보호하는 일도 포함합니다.

지금까지 지자체나 민간 재활용 사업자가 수거해 선별하는 시스템을 위주로 설명했는데요. 재활용률을 높이고 고품질 재활용을 하려면 좀 더 고도화된 분리수거 시스템인 보증금 방식을 확대할 필요가 있습니다.

보증금 방식은 제품을 판매할 때 보증금을 붙여 소비자가 제품이나 제품 포장재를 생산자가 정한 장소에 반환하면 돌려주는 체계인데요. 장점은 특정 재활용품을 따로 모을 수 있다는 것입니다. 금액이 높을수록 더 많은 양이 모일 거고요. 깨끗한 재활용품을 모아 고품질 재생 원료를 만들 수 있어요. 화장품 용기처럼 다른 재활용품을 오염시키는 것을 따로 분리해서 관리할 수도 있게 되죠.

현재 음료 페트병은 같은 용도로 재활용하기 위해 투명한 병을 따로 모으고 있는데요, 쉽진 않습니다. 분리배출부터 수집 및 선별, 재활용까지 모든 과정을 별도로 거쳐야만 음료병 제조에 재생 원료를 쓸 수 있거든요. 그런데 음료 페트병만 따로 골라내는 선별 시설을 갖춘 곳이 별로 없어요. 그러니 투명한 것만 모아 내놓아도 다른 플라스틱과 섞여 수거 후 선별되는 상황입니다. 열심히 분리배출한 소비자로서는 분통이 터지죠. 차라리 병에 보증금을 매겨 특정 장소에서 수집해 재활용업체로 보내는 편이 낫습니다.

화장품 용기도 보증금을 붙여 관리될 필요가 있는데요. 수거 과정에서 완전히 제거되지 않은 내용물이 새어 나와 다른 용기를 오염시키거든요. 일부 화장품 기업과 유통업체는 매장에서 빈 용기를 걷는 캠페인을 하고 있습니다만 그것만으론 한계가 있어요. 결국은 보증금 방식이 제도화되어야 합니다.

일회용 컵에 보증금을 부과하면 소비자는 각자 개인 컵을 챙겨 다니게 되고 반환된 일회용 컵을 재활용하는 체계가 만들어집니다. 이렇게 되면 재활용률은 높아지고 거리에 버려지는 컵은 줄어들 텐데요. 한국은 2022년 12월부터 제주와 세종에서 커피·음료·제빵·패스트푸드 매장(매장 수 100개 이상인 프랜차이즈)을 대상으로 일회용 컵 보증금 제도를 시범 실시하고 있습니다. 일회용 컵을 매장이나 반환 장소에 돌려주고 보증금을 받는 식이죠. 거점에서 청결한 상태로 모이면 같은 컵으로 재활용도 가능합니다.

최근 지자체에서 아이스 팩을 모아 재사용하는 사업을 많이 하는데요. 지자체가 나서는 것도 좋지만 생산자나 유통업체가 아이스 팩에 보증금을 붙여 회수한 후 재사용하게끔 해야 합니다. 오염원인자들이 직접 관리하도록 시스템을 마련하는 편이 효율적이고 지속 가능하니까요.

그렇다고 보증금 방식이 장점만 있는 건 아닙니다. 고품질 재생 원료는 얻을 수 있지만 소비자 입장에선 반납하는 불편을 감수해야 하죠.

또 곳곳에 무인회수기를 설치하는 등 편리하게 반환할 인프라를 구축해야 하니 생산자나 유통업체는 높은 초기 비용을 감당해야 하고요. 이처럼 보증금 방식은 생산자와 소비자 모두에게 많은 책임과 부담을 요구하는 값비싼 시스템이지만, 고부가가치로 재활용할 만한 품목을 관리할 땐 필요합니다.

순환경제의 과제
: 새 판을 짜보자

앞서 재활용이 잘되려면 생산자 역할이 중요하다고 강조했죠. 생산자의 실질적인 책임이 어느 때보다 강하게 요구되는 시점인데요. 피할 수 없으면 즐기라고 하잖아요. 순환경제 관련 글로벌 기업들의 대응도 이렇습니다. 어차피 피할 수 없는 흐름이라면 적극적으로 뛰어들어 경제 질서의 새 판을 짜겠다는 거죠. 그래서인지 정부 규제가 들어오기 전에 순환경제 주도를 위한 계획을 앞다퉈 발표하고 있는데요. 일찍이 기준을 만들어 산업 재편에서 주도권을 잡겠다는 강대국 혹은 다국적 기업들의 전략이죠. 이런 흐름을 잘 살펴볼 필요가 있습니다. 그렇다면 생산자에게 요구되는 책임은 어떤 형태로 강화될까요? 제품 생산의 기준은 또 어떻게 바뀔까요? 크게 두 가지 흐름으로 나뉩니다.

첫째, **물건을 만들 때 재사용·재활용이 잘되도록 해야 한다**는 점입니다. 제품을 수리해서 오래 사용할 권리, 쓰레기를 사지 않을 권리가 소비자의 새로운 권리로 부상하고 있어요. 그동안 기업은 수익을 위해 제품 모양새에 치중하고 재사용이나 재활용은 외면해 왔죠. 기업이 이런 방식을 고집한다면 소비자 권리를 침해한다는 비판에 직면하게 될 테니 마땅히 제품 설계 방식이나 접근이 달라져야 합니다.

소비자 눈높이에 맞게 제대로 변해야 해요. 어설프게 흉내 내다간 위장 환경주의로 철퇴를 맞을 수 있으니까요. 물건을 만들 때 재질 및 설계 기준을 높이고 소비자에게 필요한 정보를 제공해 소비자의 알권리를 충족시켜야 해요. 재사용·재활용 기준을 준수한 제품임을 확인할 표시제도라든지 제품 수리에 참고할 정보 같은 것들이요.

어느 기업은 전자제품 종이 상자를 소비자가 필요한 다른 제품으로 만들 수 있는 DIY 매뉴얼을 제공한 사례도 있는데요. 이런 새로운 시도가 많아져야겠죠.

소비자들의 역할도 중요합니다. 제품을 감시하고 문제를 제기해야 하니까요. 스팸 플라스틱 뚜껑과 종이팩 빨대를 없애라거나, 케이크를 사면 끼워 주는 일회용 플라스틱 칼을 빼달라는 식의 소비자 요구가 결국 불필요한 플라스틱 쓰레기를 줄이는 성과로 이어지잖아요. 이런 활동이 환경을 살릴 뿐만 아니라 결과적으로 우리나라 기업의 경쟁력도 높일 겁니다. 기업도 순환경제 시대에 살아남으려면 소비자들의 요구에 귀를 기울여야 합니다.

둘째, **물건을 만들 때 반드시 재생 원료를 사용해야 한다**는 점입니다. EU를 비롯한 세계 각국에서는 법으로 재생 원료 사용 의무를 정해 두

자가 수리 선언문

미국의 소비자 수리 공유 플랫폼 아픽스잇iFixit은 '소비자 수리 선언'을 통해 "수리할 수 없다면 제품을 소유한 것이 아니다."라고 주장했다. 순환경제로 가기 위해서는 물건을 오래 사용해야 한다. 소비자가 제품을 수리해서 오래 쓸 수 있는 권리인 '수리권right to repair'은 순환경제 핵심 개념이 되고 있고, EU를 비롯해 각 국가에서는 소비자 수리권을 법률로 보장하기 위해 제도를 개선하고 있다.

고 대상 제품의 범위를 넓혀가고 있어요. 우리나라도 2030년까지 플라스틱 제품에 대해 재생 원료의 의무 사용 비율을 30퍼센트까지 늘릴 계획이고요.

이미 기업들은 자체적으로 재생 원료를 점점 더 많이 사용하는 경쟁이 벌어지고 있습니다. 쓰레기 문제에 대한 기업들 책임을 묻는 목소리가 커질수록 기업은 재생 원료 사용으로 면죄부를 받으려 하겠죠. 재생 원료가 제품 생산의 세계 표준이 되면 재생 원료를 쓰지 않은 제품은 수출조차 어려워질 수 있어요. 제품 경쟁력의 요인이면서 때론 무역장벽이 될 테니까요. 국가 간 전략적 자원 무기가 될 수도 있습니다. 재생 원료가 풍부한 국가가 수출을 통제하면 공급받지 못하는 국가의 기업은 산업 경쟁력이 약해질 수밖에 없겠죠.

이제 재활용은 단순히 쓰레기를 처리하는 환경문제가 아니라 산업 원료를 조달하는 산업 문제로 전환되었습니다. 세상은 이렇게 변했는데 재활용 관련 규제를 완화해 달라는 태도를 보이는 기업은 어떻게 될까요? 장기적으로 볼 때 미련한 짓이라는 생각이 듭니다. 여기 세상의 변화를 잘 보여주는 예가 있는데요.

2021년 7월 미국 석유화학협회에서 연방정부에 플라스틱 관련 규제 강화를 요청했어요. 2030년까지 모든 플라스틱 포장 내 재생 원료 사용량이 30퍼센트 이상 되도록 규정을 만들어달라고요. 그래야 재활용 산업에 대규모 투자가 이뤄질 거고 플라스틱 재생 원료를 안정적으로 공급할 수 있는 구조가 만들어질 거라고 판단한 거죠. 바야흐로 기업의 천국인 미국에서 기업 스스로 정부에게 규제 강화를 요청하는 시대가 온 겁니다.

지금도 기업들에 재활용 책임을 부여하는 제도는 시행되고 있어요. 한국을 포함한 많은 국가에서는 포장재 등에 생산자책임재활용제도 EPR를 시행하고 있는데요. 현 제도는 다분히 형식적입니다. 기업이 공제조합에 가입해 비용만 내면 재활용 책임을 이행했다고 보기 때문이죠. 자사 제품 쓰레기를 고품질로 재활용하거나 재사용해야 할 책임을 돈으로 면제받는 셈이랄까요.

하지만 앞으로 재생 원료 의무 사용 제도가 도입된다면 자사 제품의 쓰레기가 고품질 재생 원료로 만들어져 다시 해당 제품의 원료로 쓰이게 됩니다. 생산자가 순환경제에 맞는 닫힌 고리 재활용을 실질적으로 이행할 수 있게 강제하는 거죠.

EU는 2021년부터 재활용이 되지 않는 플라스틱 포장재에 대해서는 킬로그램당 0.8유로(약 1,000원)의 어마어마한 세금을 부과하고 있습니다. 2025년부터는 3리터 미만 크기의 음료 페트병에 25퍼센트 이상의 재생 원료를 의무적으로 사용하게 법제화했죠. 2030년까지는 모든 플라스틱 음료 포장재에 30퍼센트 이상의 재생 원료를 사용해야 하는데요. 음료 포장재뿐만 아니라 모든 플라스틱 포장재, 자동차, 전자제품, 건축자재까지 의무 사용 범위를 확대해야 한다는 논의가 이어집니다.

미국 캘리포니아주는 2022년부터 플라스틱 음료 포장재에 15퍼센트의 재생 원료를 사용해야 한다는 법률을 통과시켰습니다. 재생 원료 사용 비율은 2025년까지 25퍼센트, 2030년까지 50퍼센트로 단계적으로 높인다고 해요. 현재 음료 포장재 중심으로 의무 사용 규제가 도입되었지만 향후 모든 플라스틱 포장재로 적용 범위가 넓어질 겁니다. 포장재뿐만 아니라 전기·전자 제품, 자동차, 건축자재까지 재생 원료는 확대될 수밖에 없습니다.

세계 굴지의 주요 기업도 너도나도 재생 원료를 사용하겠다고 선언하고 있어요. 코카콜라 펩시콜라 네슬레 등은 2025년까지 플라스틱 포장재 내 재생 원료 사용 비율을 25퍼센트 이상, 2030년까지는 50퍼센트 이상 높이겠다고 선언한 후 매년 사용 실적을 공개하고 있죠. BMW 현대자동차 삼성전자 LG 등도 재생 원료 제품을 선보이고 있습니다.

이제 생산자에게 요구되는 책임을 절실하게 느껴야 할 때입니다. 재생 원료 공급이 부족하면 제품 가격이 상승할 거고, 그에 따라 생산에 차질이 생기며 품질 저하로 산업과 기업의 경쟁력이 약화되는 총체적 문제가 발생할 테니까요. 기업은 위기의식을 가져야 합니다. 우리나라는 이 지점에서 위기감이 너무 약해요. 시간이 얼마 남지 않았습니다. 순환경제의 바람이 거세게 부는 지금, 우리는 변화에 대한 준비가 된 걸까요? 이런 변화를 제대로 인식하고 있을까요? 우리 앞에는 불확실하고 복잡한 미래가 있습니다. 기존의 경험이나 지식만으론 미래가 보이지 않습니다. 새로운 질서가 만들어지고 있기 때문이죠.

새로운 시대에 맞는 상상력과 통찰이 필요합니다. 순환경제로 가기 위해서는 큰 덩어리가 아닌 세세한 사안들을 봐야 하고요. 수천 가지 물질이 재활용되어 제자리로 다시 돌아가도록 촘촘하고 정교한 체계를 만들어 가야죠. 어쩌면 순환경제야말로 4차 산업혁명 기술에 맞춤한 디지털 뉴딜 과제란 확신이 듭니다.

쓰레기 문제 해결을 위해
우리는 무엇을 했나
플라스틱 어택으로 본 소비자 행동 사례

알맹상점과 전국 제로 웨이스트 가게 21곳이 함께 조사하고 모은 약 8,000개의 화장품 용기를 들고 가 아모레퍼시픽 본사 앞에서 기자회견을 진행하고, 재활용이 어려운 용기 780개를 회사 측에 전달했다.

나와 가장 잘 어울리는 정체성은 '귀차니스트'가 아닐까. 만리장성 버금가는 쇼핑 이력과 투덜이 스머프에 지지 않는 투덜이임에도 불구하고, 내 인생에서 단 한 번도 구매 리뷰를 쓰거나 평점을 주거나 포인트를 알뜰살뜰 챙겨본 적 없다. 만사 다 귀찮아, 이게 바로 내 상태다. 그런데 어쩌자고 성정을 거슬러 '프로 불편러'에서 '프로 어택러'로 진화했던가.

나는 2018년부터 한 손에 플라스틱을 거머쥐고서 온갖 '플라스틱 어택'에 참여하며 쓰레기를 모았다. 내게 그 쓰레기들은 완전 소중한 자원이었다. 고물상에 팔아서 돈을 벌거나 쓰레기 더미 속에서 24k 순금 떡두꺼비라도 발견… 했을 리가 없지.

그 쓰레기들은 온몸을 던져 자신들의 존재를 되치기했고, 쓰레기를 함부로 쓰고 버리는 이 막돼먹은 세상을 향한 짱돌이 되어주었다.

쓰레기를 줍고 재활용하라고? 좋은 말이다. 요즘은 페트병을 재활용한 옷과 가방을 지천에서 찾을 수 있고, 첨단기술로 비닐에서 기름을 짜내 연료로 재활용한다. 그런데 말이다. 그래서 쓰레기가 줄었나? 쓰레기를 줍는 사람과 버리는 사람은 따로 있고 재활용보다 더 빠른 속도로 쓰레기가 늘어난다.

결국 쓰레기 문제에 진심인 '쓰레기 덕후'들은 삐뚤어지기로 했다. 철학자 에머슨의 말처럼 "우리가 품은 선의에는 얼마간 모가 나 있어야 한다." 이미 쓰레기가 발생한 다음 후속 조치로는 부족하다. 처음부터 쓰레기가 나오지 않게 준비하겠노라. 쓰레기를 만드는 기업과 사회를 공격하겠노라.

플라스틱 어택은 쓰레기를 버리게 만드는 관행에 짱돌을 던지는 쓰레기 덕후의 액션이다. 처음 불을 당긴 것은 해외 마트에서 벌어진 플라스틱 어택 사진이었다. 대한민국 대형마트 과대 포장이 해외보다 더하면 더했지 결코 덜하지 않다. 그 사진에 '삘' 받은 우리는 쓰레기 대란이 터진 2018년 온라인 커뮤니티에 "쓰레기를 사고 싶지 않은 사람들, 모여라."라는 글을 올렸다.

그렇게 모인 생면부지의 쓰레기 덕후 40여 명과 비가 추적추적 내리는 주말 오전 대형마트에서 **플라스틱 어택** Plastic Attack 을 열었다. 참여자들은 가수 박진영의 비닐 옷 뺨치는 플라스틱 포장재와 라면 봉지를 붙인 티셔츠를 입고, 인디언 추장처럼 병뚜껑 목걸이를 걸고, 롯데 자이언츠 팬처럼 머리에 비닐 봉투를 달고서 유유히 장을 보았다. 사람들은 "지금 무슨 코스프레 중이냐?" "촬영 중이냐?" 하고 물었다.

우리는 한 시간 동안 대형마트에서 장을 보고 불필요한 포장을 벗겨내 세 개의 카트를 가득 채웠다. 그러고선 각자 가져온 용기와 장바구니에 '알맹이만' 담았다. 우리가 하고 싶은 말은 포장 쓰레기와 함께 카트에 실었다.

"더 이상 쓰레기는 사고 싶지 않다"

"분리배출만 강조하지 말고 유통과 생산 단계에서부터 쓰레기를 줄여라"

"마트는 유통 단계의 포장재를 줄이는 책임을 다하라"

대형마트를 대상으로 한 플라스틱 어택은 과대 포장과 PVC 플라스틱을 금지하라는 제도 개선을 내세웠다. 당시 브로콜리, 당근 등 채소 포장재와 중국집 배달 음식에 사용되는 랩은 얇고 접착력이 좋은 PVC 소재였다. PVC는 재활용이 힘들고 유해 화학물질 노출 위험이 있는 나쁜 플라스틱이다.

플라스틱 어택이 열리고 1년 후 식품에 PVC 랩 사용이 금지되었다. 세 개 이하 상품을 둘둘 묶거나 큰 비닐에 담아 판매하는 'n+1' 묶음 포장도 금지되었다.

그다음은 일회용 컵. 거리에 버려진 일회용 컵에 '빡친' 쓰레기 덕후들이 모였다. 더운 여름날 70여 명이 일회용 컵 1,000여 개를 줍고 가장 많이 발견된 컵은 해당 브랜드 카페에 돌려주는 **플라스틱 컵 어택**을 열었다. 일회용 컵을 사용해 돈을 번 기업과 편리함을 누린 소비자가 책임지라는 퍼포먼스였다.

왜 불편함은 늘 쓰레기 덕후의 몫인가. 왜 일회용품은 공짜로 누리고 세금으로 길거리 일회용 컵을 치워야 하는가. 우리는 쌓인 울분을 일회용 컵을 주우며 달랬다.

그날 돌려주지 못한 테이크아웃 컵을 씻고 컵 홀더와 빨대를 제거했다. 그러나 애써 연락한 재활용업체는 테이크아웃 컵은 수지 타산이 안 맞아 재활용을 못 한다고 했다. 그럼 문제의 근원을 해결해야지. 그때 독일의 페트병 보증금제가 생각났다.

일회용 컵을 공짜로 버린 업체와 소비자를 불편하게 만들자!

우리는 일회용 컵을 카페가 수거해 재활용할 수 있는 인프라를 위한 '일회용 컵 보증금제' 부활 운동에 나섰다. '자원 재활용법'을 개정해 달라며 버려진 테이크아웃 컵에 꽃을 심어 손 편지와 함께 국회의원에게 전달했다. 이전에 국회에서 두 번이나 미끄러진 일회용 컵 보증금제는 '플라스틱 컵 어택' 후 1년도 채 되기 전 통과되었다. 드디어 2022년 일회용 컵 보증금제가 시행된다.

플라스틱 어택은 점점 더 다양하게, 점점 더 자잘하게, 점점 더 대담하게, 점점 더 시민 밀착형으로 진화 중이다. 한 단체나 한 사람이 주도하지 않는다. 쓰레기 덕후 중 누군가 "이거 좀 문제 있지 않아? 이게 최선인가?" 라고 의문을 제기하면 곳곳에서 쓰레기 덕후들이 떼 지어 일어난다.
'그래그래, 정말 불필요한 쓰레기잖아. 근데 기업은 왜 이러는 거야? 개인이 아무리 노력해도 기업과 제도가 바뀌지 않으면 소용없잖아…'
그 마음으로 대동단결해 쓰레기를 모은다.

빨대 어택도 그렇게 시작되었다. 한 쓰레기 덕후가 오픈채팅방에 "빨대 버리지 싶지 않은데, 원하는 사람만 가져가면 되잖아요?"라고 글을 올렸다. 그에 화답해 쓰레기 덕후들은 음료에 붙어있는 빨대를 떼기 위해 11일을 '빨대데이'로 정하고 음료 회사에 빨대를 되돌려 주었다. 그 결과 한 음료 회사의 최고 경영자가 빨대를 쓰지 않는 방향으로 제품 디자인을 개선하겠다는 편지를 보내왔다. 그리고 그 회사는 요구르트 한 종류에 붙은 빨대를 떼기로 한다.

다음 타자는 스팸에 붙은 노란 뚜껑. 참치 통조림은 뚜껑이 없는데 왜 스팸에만 플라스틱 이중 뚜껑이 달려있을까? 손바닥보다 작은 플라스틱은 재활용 선별장에서 재활용도 안 된다. 그래서 노란 스팸 뚜껑을 모아 스팸 회사에 보내는 **스팸 어택**을 열었고 그 결과 명절 선물 세트에서 뚜껑이 없는 스팸 선물 세트가 등장했다.

2020년에는 전국에 제로 웨이스트 가게가 100여 곳 이상 생겨났다. 쓰레기를 수거하는 거점이 생기면서 플라스틱 어택용 쓰레기가 수천 개를 넘는 위력을 발휘한다.

화장품 용기 어택은 '재활용 어려움' 등급 용기가 90퍼센트에 이르는데도 표기 없이 넘어가던 화장품 업계의 특혜를 막아냈다.

전국에서 화장품 용기 어택을 위해 모인 용기는 약 8,000개. 그 용기를 이고 지고 아모레퍼시픽, LG생활건강 앞으로 쫓아가 외쳤다.

"화장품 리필 활성화하라."

"재활용할 수 있는 포장재를 사용하라."

"화장품 회사는 용기를 역회수하라."

동시에 전국의 제로 웨이스트 관련 공간에서 수거된 용기를 조사하는 시민 모니터링도 진행했다. 플라스틱 어택은 쓰레기 수거에서 시작해 시민들의 참여와 데이터 생산으로 가지를 뻗어갔다.

그다음 타겟은 **브리타 정수기에 사용되는 필터**. 어느 날 십년후연구소 대표가 브리타 필터에 구멍을 내고 알맹이를 리필해 사용하는 신박한 방법을 보여주었다. 해외 동영상에서 봤다며 독일과 호주 등지 브리타 회사는 폐필터를 수거해 재활용하는데, 브리타코리아는 수거 방법을 문의하면 그냥 버리거나 알아서 분리배출하라고 한다.

그래서 미국 사례를 참고했다. 머나먼 이국땅 미국에서 우리를 이끌어준 쓰레기 덕후는 폐필터 800여 개를 수거해 미국 브리타에 재활용 프로그램을 도입한 성덕(성공한 덕후)이었다. 우리는 그분의 발자취를 좇아 전국에서 브리타 폐필터를 모으고 서명운동을 벌였다.

마침내 2021년 9월 6일 자원순환의 날, 브리타코리아는 아시아 최초로 필터 수거와 재활용 프로그램을 시작했다. 브리타 재팬에서 한국의 재활용 프로그램을 보러 온다나 뭐라나.

다음은 **종이팩**. '종이' 팩인데 왜 플라스틱 어택이냐면 팩 안에 플라스틱 코팅이 돼있기 때문이다. 그래서 종이팩이 종이와 섞이면 재활용이 안된다. 정작 종이와 종이팩을 따로 분리배출하는 곳은 찾기도 힘든데 말이다.

그 결과 종이팩은 분리배출 대상 중 최악의 재활용률을 기록했다. 한때 30퍼센트에 가까운 적도 있었으나 점점 더 떨어지더니 2021년에는 15.6퍼센트를 찍었다. 종이팩의 85퍼센트가 버려지는 셈인데 대다수는 종이팩을 쓰레기봉투에 넣지 않는다. 버리지 않고 분리배출하는데도 쓰레기가 된다면 시스템이 '후져서'가 아닐까? 쓰레기를 만드는 시스템을 바꾸기 위해 플라스틱 어택이 출동할 타이밍이다.

나는 종이팩을 수거해 재활용하는 곳에 보내는 것만으로도 뿌듯했다. 그런데 하루는 홍수열 쌤이 말했다. "아니, 왜 종이팩만 따로 제로 웨이스트 가게나 생협, 주민센터에 고이 모시고 가야 해요? 왜 사람들을 그렇게 불편하게 해요? 그럼 금속 캔도 플라스틱도 다 주민센터에 들고 가야겠네."

이 한마디에 후딱 깼다. 우리가 이렇게 모으는 건 한계가 있다는 걸 깨달은 거다.

그해 덕후들은 크리스마스에 종이팩으로 트리를 오려 서울 시청 앞에 모였다. 나무를 살리는 종이팩 재활용 트리가 컨셉이었다. 우리는 전국 종이팩 전용 분리배출함 설치와 재활용 종이팩 선별 의무화를 요구했다.

그리고 우유 회사에는 종이팩을 분리배출하는 방법을 담배 포장재의 폐암 사진처럼 잘 보이게 인쇄할 것을 요청했다. 종이팩 어택은 현재 진행 중이다. 우리는 종이팩 재활용 교안과 교육 자료를 제작해 무료 공개했다. 언제 결정적 한 방의 어택을 열까, 지금도 호시탐탐 기회를 엿보고 있다.

이 책의 토대가 된 쓰레기 세미나를 통해 탄생한 어택도 있다. 세미나에선 이런저런 쓰레기 이야기를 나눈다. 그중에서도 "이런 쓰레기들이 정말 문제"라고 토론한 적이 있는데 이중 병뚜껑, 멀쩡한 약병과 소분된 약들, 롤빵 상자에 들어있는 플라스틱 빵칼 등등이다.

얼마 지나지 않아 쓰레기를 줍는 시민 모임 '쓰줍인'에서 파리바게뜨를 타깃으로 **빵칼 어택**을 시작했다. 제로 웨이스트 가게들과 모임에서, 쓰레기 덕후들 각자, 따로 또 같이 플라스틱 빵칼과 편지를 파리바게뜨에 보내고 SNS에 글을 올렸다. 결국 2022년 파리바게뜨는 전국 매장에 빵칼이 필요한 분은 따로 챙겨 가라는 공지를 붙인다. 파리바게뜨 롤빵 포장 상자에는 이제 플라스틱 빵칼이 들어있지 않다.

텀블러를 꺼내면 종종 혼자 일회용 안 쓴다고 쓰레기가 줄 것 같냐, 그래 봤자 무슨 소용이냐는 질타(?)를 받는다. 그럴 때는 쓰레기 덕후들이 뭉쳐 만든 작은 승리를 생각한다. 그 작은 승리는 다디단 초콜릿이 몸에 퍼지듯 텀블러를 쥔 손에 힘이 뻗치게 한다.

중국 작가 위화는 "사람의 목소리는 빛보다 멀리 간다"고 했다. 쓰레기 문제에 진심인 덕들의 목소리가 멀리 가닿는 경이로운 경험을 한다. 나는 플라스틱 어택을 통해 개인 한 명 한 명의 의미를 알게 됐고 비로소 민주주의의 의미를 몸으로 깨닫게 됐다.

이 글은 빛처럼 반짝이는 사람들의 목소리에 매료된 나의 진실한 경험담이다. 우리의 힘은 되든 안 되든 이것저것 재지 않고 일단 나서서 목소리를 내는 간절함과 연대에서 나온다.

이 작은 승리는 "나 혼자 해봤자 무슨 소용이야." 하는 냉소를 떨치고 "우리조차 안 하면 어떻게 해."라는 움직임을 만든다. 격하게 아무것도 하고 싶지 않은 나를 움직이게 한다. 성덕의 기쁨과 연대로 일군 작은 승리들은 또다시 내일의 플라스틱 어택을 꿈꾸게 한다.

2

플라스틱의 미래

꿈의 물질에서 지구의 악몽으로, 그 다음은?

Circular Economy

지금부터는 구체적인 문제를 하나씩 짚어보겠습니다. 가장 먼저 대면해야 할 물질은 물질계의 망나니 '플라스틱'입니다. 우리가 사는 시대를 플라스틱 시대라고 하죠. 그만큼 플라스틱을 많이 쓰고 버리고 있다는 건데요. 우리는 플라스틱 없이 한순간도 보낼 수 없는 '호모 플라스티쿠스'가 되어버렸습니다.

나무의 지방이란 뜻인 수지樹脂, 나무가 상처 입으면 이를 보호하기 위해 나오는 진액입니다. 그런데 역설적이게도 합성수지를 일컫는 플라스틱은 지구의 상처를 보호하는 게 아니라 상처를 더 헤집어놓고 있죠. 우리는 과연 플라스틱 악몽에서 벗어나 플라스틱과 공존하는 미래를 꿈꿀 수 있을까요?

대안일까
기업의 그린 워싱일까

"인간이 조금씩 플라스틱이 되어가고 있다.Humans are just a little plastic." 미국인 대다수의 몸에서 환경호르몬이 검출되었다는 미국 <워싱턴 포스트> 기사 첫 문장입니다. 1972년의 일인데요. 최근에는 혈액에서 미세플라스틱이 발견되었다고 하니 이제 우리 몸에 플라스틱 피가 흐른다고 할 지경에 이르렀죠.

더 무서운 것은 미세플라스틱이 나오지 않은 장기가 없다는 사실입니다. 심지어 태아에서도 나왔으니까요. 모체에서 미세플라스틱이 태반을 뚫고 들어간 거죠. 이쯤 되면 연구가 더 진행되는 게 두렵습니다. 앞으로 얼마나 더 충격적인 이야기가 기다리고 있을까요.

고래나 거북이 사체에서 나온 비닐봉지, 물고기 배 속에 들어있는 페트병, 플라스틱 조각을 먹고 죽은 바닷새는 이제 뉴스거리도 안 됩니다. 너무나 흔하게 보는 비극이니까요. 비극도 잦아지면 일상이 되고 일상화된 비극은 더 큰 비극을 불러옵니다.

미세플라스틱이 우리 몸에 어느 정도 쌓이며 어떤 영향을 미치는지는 아직 명확하게 밝혀지지 않았는데요. 환경호르몬이나 중금속처럼 인체에 축적된 미세플라스틱이 아무 해를 끼치지 않는다는 보장도 없어요. 뇌에 침투한 미세플라스틱이 자폐증이나 치매 같은 병을 유발할 수 있다는 연구 결과도 있습니다.

종이컵에 뜨거운 커피를 부으면 안쪽 비닐 코팅에서 나노 플라스틱이 밀리미터당 10억 개 나온다는 연구도 있고요. 페트병 음료에서도 나노 플라스틱이 밀리미터당 10억 개 검출되기도 했습니다. 이렇듯 일상의 플라스틱 소비가 미세플라스틱과 같은 위협이 되고 있습니다.

유엔환경계획UNEP에 따르면 성인이 호흡으로 흡입하는 미세플라스틱 양은 연간 최대 16만 개가 될 수 있다고 합니다. 심지어 나노 플라스틱은 피부를 뚫고 들어올 가능성도 있고요. 미세플라스틱에 대한 공포가 일상을 덮쳐 오는 요즘, 이러한 공포가 과장된 건지 실체를 판단할 만한 객관적 근거조차 부족하다는 사실이 섬뜩하게 다가옵니다.

이렇듯 플라스틱 문제는 점점 논란의 중심에 오르고 있는데 우린 아직 플라스틱이 어떤 물질이고 왜 문제가 되는지, '생분해' '바이오' 같은 친환경 수식어를 단 것들이 구체적으로 무엇인지 잘 모르죠. 요즘은 정보가 넘치다 보니 뭐가 뭔지 오히려 혼란스러운 지경입니다.

많은 분이 생분해성 플라스틱을 궁금해하는데요. 카페에선 생분해성 플라스틱 컵을, 편의점에선 생분해성 비닐을 쓰며 환경을 위한 거라고 홍보하는데 또 한쪽에선 그린 워싱Greenwashing(친환경으로 위장해 소비자를 속이는 마케팅)이라고 하니 헷갈리죠. 더구나 플라스틱 용어에는 어려운 전문어가 많이 섞여 있어 거리감도 있고요.

의식주 전반을 휘두르고 있는 플라스틱에 제대로 대항하려면 대체 플라스틱이 무엇인지 제대로 알아야 합니다. 더 많이 정확하게 알아야 기업 마케팅에 휘둘리지 않고 뚜렷한 목소리를 낼 수 있으니까요.

우리의 두려움과 상관없이 플라스틱은 계속 우리 일상을 지배할 겁니다. 2022년에 큰 선거가 연이어 두 번이나 있었죠. 누가 권력을 잡을지 모든 관심이 쏠린 와중에 저는 선거 과정에서 쏟아져 나온 쓰레기로 가슴이 먹먹했는데요. 후보자들 모두가 세상을 바꾸겠다고 외치지만 정작 선거 문화는 쓰레기를 양산하는 후진 문화에서 한 발짝도 나아가지 못하잖아요. 어떻게든 현수막을 한 장이라도 더 걸고 싶어 안달하는 작태라니, 2020년 총선에는 현수막 3만 개가 사용됐는데 또 얼마나 많은 현수막이 한 번 쓰고 버려졌을지 암울합니다.

현수막은 합성섬유로 만들어져 썩지도 않을뿐더러 소각 과정에서 이산화탄소가 발생합니다. 버려지는 현수막을 재활용해 장바구니 등을 만들기도 하지만 일부에 불과하죠. 근본적인 대책은 사용량을 줄이는 것뿐입니다. 최근에는 재활용이 가능한 친환경 신소재라는 타이벡 현수막이 등장했는데 정말 '친환경'일까요?

타이벡은 첨가제를 섞지 않은 HDPE 재질로 종이처럼 보이는 합성섬유인데요. 이를 생산하는 기업에선 '종이처럼 가볍고 물에 잘 젖지 않는 친환경 제품'으로 홍보합니다. HDPE 재질 자체는 다른 재질에 비해 유해성이 낮고 재활용이 잘되긴 해요. 하지만 재활용이 잘되는 재질이란 것과 재활용이 된다는 것은 다른 얘기죠.

재활용되려면 HDPE 섬유만 따로 모아야 하는데 타이벡 현수막만 따로 모을 수 있는 시스템은 아직 갖춰져 있지 않습니다. 사용한 타이벡 현수막을 재활용하는 업체도 별로 없고요. 현수막을 장바구니로 만드는 정도로는 재활용할 수 있지만 이 작업은 타이벡이 아니어도 가능하니 타이벡 소재라서 재활용이 잘된다고 할 순 없어요.

본질은 재질별로 수거와 선별이 되지 않아 재활용할 수 없다는 사실인데 재질만 바꾸면 해결될 것처럼 포장하는 건 재활용 처리 과정을 모르고 하는 말입니다. 달리 말해 재활용에 대한 소비자들의 인식을 현혹시키는 행위인데요. 실상을 감추는 이런 눈속임은 기업의 대표적인 그린 워싱 사례라고 봅니다.

한 스포츠 브랜드 스니커즈 제품 사례도 마찬가지죠. 이 회사는 재생 원료를 최소 50퍼센트 사용한 제품이라며 플라스틱 쓰레기 문제를 끝내겠다고 홍보하는데요. 물론 재생 원료를 사용한 점은 바람직하지만 신발에 재생 원료를 썼다고 신발 쓰레기 문제가 해결되는 건 아니거든요. 정작 신발은 재활용이 되지 않아 쓰레기로 버려지는데 재생 원료 사용이 플라스틱 쓰레기 문제에 크게 기여하는 것처럼 말하는 건 소비자에게 잘못된 정보를 주는 겁니다.

기업의 생분해성 플라스틱 마케팅도 마찬가지라고 봅니다. 심지어 어느 기업이 주최한 플로깅 행사에서는 담당자가 자사 제품이 생분해성 플라스틱이니 자연에 그냥 버려도 된다고 설명했다는데요. 말도 안 되는 이야기죠.

현재 주로 사용하고 있는 생분해성 플라스틱은 자연환경에서 분해가 생각만큼 잘되지 않습니다. 그냥 투기하면 큰일 나죠. 설사 분해가 잘돼도 쓰레기를 투기하면 오염이 발생합니다. 상식적으로 생각해 보자고요. 나무나 종이로 된 제품도 막 버리면 안 되잖아요. 자꾸 친환경이라는 점을 부각해 플라스틱이라도 써도 된다며 소비자를 부추기는 마케팅은 없어져야 합니다.

플라스틱 패러독스
: 플라스틱 중독 사회의 딜레마

　　　　　플라스틱이란 단어는 성형이 잘된다는 뜻입니다. 인간이 구상하는 대로 쉽게 모양을 만들어내는 물질적 특성을 표현한 말이죠.

물질 소비의 민주화란 말이 있습니다. 이전엔 소수 특권층만이 소비할 수 있었던 물건을 다수가 소비하게 되었다는 개념인데요. 대표적인 사례가 머리빗입니다. 서구 여성들이 쓰던 머리빗은 희소 재료인 거북 등딱지로 만들어진 고가품이었어요. 1920년대 무렵 셀룰로이드(1869년에 나온 최초의 플라스틱 재질) 머리빗이 등장하며 서민도 쓸 수 있게 되었죠. 셀룰로이드로 거북 등딱지의 문양과 색깔을 그대로 재현한 빗을 대량 생산해 가격이 저렴해졌거든요.

이처럼 원하는 기능으로 자유자재로 생산할 수 있는 이유는 플라스틱이 합성 고분자 물질이기 때문입니다. 합성 고분자 물질은 분자가 큰 구조로 합성시킨 물질이라는 건데요. 자연 상태에 존재하지 않는 물질을 인위적으로 만든 거죠.

플라스틱은 어떤 분자를 반복해 이어 붙이는지(중합)에 따라 재질이 달라집니다. 에틸렌 분자를 중합시키면 폴리에틸렌PE, 프로필렌 분자는 폴리프로필렌PP, 스티렌 분자는 폴리스티렌PS으로 바뀌죠. 플라스틱은 합성수지라고도 하는데요. 나무에서 나오는 수지는 나무의 상처를 보호하는데 합성수지는 지구의 상처를 더 곪게 하고 있습니다.

자연에도 고분자 물질(셀룰로오스, 단백질, 녹말 등)이 있지만, 이런 천연 고분자 물질은 인위적으로 기능을 조정하는 데 한계가 있고 대량생산이 어려워 물량 공급도 원활하지 않아요. 그에 비해 합성 고분자물질은 우리가 원하는 기능을 선별해 개발할 수 있고 대량생산도 가능해요. 잘 변하지 않고 쉽게 성형되며 튼튼하기까지, 게다가 가격도 저렴하니 다양한 용도로 사용하게 되었죠. 한마디로 인간이 바라던 '꿈의 물질'인 셈입니다.

그러나 이런 플라스틱의 장점은 단점이 되기도 합니다. 잘 변하지 않는다는 특성은 버려질 때 분해 시간이 오래 걸린다는 문제가 되죠. 또 다양한 용도를 구현하기 위해 넣는 각종 첨가제는 식품이나 용기로 새어 나와 환경호르몬 문제를 일으키고요. 무엇보다 대량생산으로 인해 쓰레기로 배출되는 플라스틱 양은 늘었지만 종류가 너무 다양해서 재활용이 어렵다는 치명적인 문제가 있습니다.

자연에 버려진 플라스틱은 잘게 쪼개져 미세플라스틱으로 수백 년을 떠돌지도 모릅니다. 지구의 악몽이 돼버리는 거죠. 인간에게 많은 이익을 안겨 준 유용한 물질이니 많이 쓸 수밖에 없는데, 사용하면서 오히려 우리가 위험해진 이런 모순적인 상황을 '플라스틱 패러독스'라고 합니다. 문명의 딜레마죠. 흔히 불변성은 한결같은 모습으로 포장되는데요. 예외인 경우도 많습니다. 물질이든 사상이든 정책이든 유연하게 변화해야 세상이 조화롭게 흘러가지 않을까요.

2021년 유엔환경계획이 발표한 전 세계 플라스틱 생산량과 누적량을 보면 우리가 얼마나 많은 플라스틱을 생산하고 버렸는지 드러납니다. 1950년 200만 톤에 불과하던 플라스틱 생산량은 2017년 4억 톤 이 상으로 사용량이 200배 이상 늘었어요. 1950년부터 2017년까지 67 년 동안 누적 사용량이 무려 92억 톤. 이 추세대로라면 2050년에는 연간 플라스틱 생산량이 10억 톤을 넘기고 누적 생산량도 340억 톤 이 돼요. 재질별로는 PE PP PET가 약 70퍼센트, PVC까지 포함하면 약 80퍼센트를 차지합니다.

쓰레기 배출 현황을 보면 67년 동안 92억 톤이 생산되어 24퍼센트 는 사용 중이고 76퍼센트가 쓰레기로 버려집니다. 쓰레기 중 재활용 비율은 10퍼센트 정도에 불과하고 14퍼센트는 소각, 나머지는 묻거 나 버린 것으로 추정되고 있어요. 버려진 쓰레기는 바다로 유입되죠. 바다에서 검출된 미세플라스틱이 생물체에 들어간다는 내용은 이미 1970년대부터 학계에 보고되었습니다.

미세플라스틱은 배출 당시 크기에 따라 1차·2차 미세플라스틱으로 나뉘는데요. 1차는 의류 세탁에서 나오는 섬유 조각, 자동차 타이어 분 진, 페인트 조각, 세제 등에 있는 작은 플라스틱 알갱이인 마이크로 비 즈고요. 2차는 페트병이나 스티로폼 부표 등 부피가 큰 플라스틱이 자 연환경에서 풍화 작용으로 쪼개져 크기가 작아진 경우를 말합니다.

OECD 보고서에 따르면 해마다 바다로 버려지는 플라스틱 쓰레기는 2019년 기준으로 170만 톤 정도로 추정하고 있어요. 우리가 아무 조 치도 취하지 않는다면 2060년에는 400만 톤 정도로 2.4배 가까이 증 가할 것으로 예상되고요. 1950년부터 2019년까지 바다에 버려진 양은 3000만 톤인데, 누적되면 2060년에는 1억 4500만 톤까지 증가할 것으로 보고 있습니다.

플라스틱이 바다로 유입되는 경로는 다양합니다. 페트병이나 담배꽁초가 수로를 통해 흘러가거나 수거되지 않은 농사용 멀칭 비닐이 비를 타고 이동하는 식으로요. 또 빨래할 때 떨어져 나오는 섬유 조각이 하수도를 거쳐 들어오기도 합니다. 해양 활동으로 바다에 바로 버려지는 플라스틱도 많은데요. 양식장 부표, 통발, 낚시나 어업에 쓰이는 어구, 선박에서 발생하는 쓰레기도 문제가 되죠.

이렇게 바다로 들어간 플라스틱 쓰레기는 재질에 따라 가라앉는 정도가 달라요. PE나 PP 재질은 가벼워서 물 표면을 떠다니고 PS·나일론 재질은 밑으로 가라앉습니다. 담배꽁초는 좀 더 깊이 내려가고요. PVC·PET 재질과 폴리에스터 섬유처럼 아주 무거운 플라스틱은 바닥에 내려앉죠.

대개 우리는 모든 플라스틱이 물에 뜬다고 여깁니다. 그래서인지 바다 표면에 떠도는 플라스틱을 전부로 착각합니다만 겉으로 보이는 건 빙산의 일각이에요. 바다 밑에도 엄청 많습니다. 지구에서 가장 깊은 심해로 알려진 마리아나 해구에선 2013년 개봉한 디즈니 영화 풍선이 발견되기도 했죠. 2019년의 일입니다. 마리아나 해구는 일부 과학자들이 우주에 가는 것만큼 어렵다고 할 정도로 진입하기 힘든 곳이거든요. 다녀간 사람도 단 몇 명에 불과하고요. 그런 곳에서 인간이 버린 쓰레기가 발견된 거죠.

같은 해 중국과학원은 마리아나 해구 심해에서 리터당 미세플라스틱

11.43개가 검출되었으며 인간이 만든 플라스틱이 지구상에서 가장 멀고 깊은 곳까지 오염시켰다고 발표합니다.

바다 표면을 부유하는 플라스틱은 바닷가로 떠밀려 와 모래에 미세플라스틱으로 쌓이기도 합니다. 그런가 하면 해류를 따라 먼 바다로 나가기도 하는데요. 해류가 나선형으로 도는 환류 지대에 모이게 되면 플라스틱 섬으로 보일 정도로 쓰레기가 쌓입니다. 북태평양 환류 지대에는 크기가 한반도 면적의 7배나 되는 쓰레기 섬이 있다고 하는데 지금도 계속 커지고 있죠.

플라스틱에 사용된 첨가제도 문제입니다. 플라스틱이 미세하게 쪼개지면 안에 든 첨가제가 바다에 유출되면서 해양생태계를 빠르게 교란시켜요. 첨가제가 이산화탄소를 흡수하고 산소를 생산하는 플랑크톤 활동을 위축시켜 탄소순환을 방해한다는 연구 결과도 있고요. 첨가제는 결국 생태계 먹이사슬을 거쳐 우리 몸에 침투하게 됩니다. 해산물 등을 통해 우리 몸으로 들어온다는 거죠(그 무시무시한 환경호르몬도 플라스틱 첨가제의 한 종류입니다).

미세플라스틱은 연구하면 할수록 심각성을 드러냅니다. 앞으로 기후위기와 더불어 인류 생존을 위협하는 핵심 문제가 될 거라고 보는데요. 미세플라스틱 문제 해결을 위한 조치가 빨리 이뤄져야 할 이유죠. 바다에 버려진 쓰레기를 줍는 것도 좋고 세탁기에 섬유 방출을 막는 필터를 다는 일도 필요하지만, 근본적으로는 플라스틱 사용량을 줄여야 합니다.

바이오 플라스틱은 플라스틱의 대안이 될 수 있을까?

　　　　　　　　　플라스틱 사용을 줄이자고 하면 대개 친환경 소재로 문제를 해결할 수 있다는 의견이 나오는데요. 주로 플라스틱을 쓰고 싶어 하는 기업 측 주장이죠. 이들은 바이오 플라스틱이나 생분해성 플라스틱을 친환경 플라스틱으로 내세웁니다. 과연 해결책이 될 수 있을까요? 친환경 플라스틱에는 흔히 "자연으로 돌아간다."라는 홍보 문구가 붙어있는데요. 적절한 말일까요?

이 문제를 이해하려면 지금부터 복잡한 플라스틱 세계로 한 걸음 더 들어가야 합니다. 처음 접하는 분들은 많이 헷갈릴 텐데 중요한 개념이니 반복해서 읽어주길 바랍니다.

플라스틱 종류는 원료에 따라 화석연료와 식물 원료(바이오매스)로 만든 플라스틱으로, 기능에 따라 생분해성 플라스틱과 난분해 플라스틱으로 나눠집니다. 이 구분으로 네 종류 조합이 나오죠. **화석연료 난분해 플라스틱**, **화석연료 생분해성 플라스틱**, **식물 원료 난분해 플라스틱**, **식물 원료 생분해성 플라스틱** 이렇게요. 이 중 화석연료 난분해 플라스틱은 가장 많이 사용되기 때문에 일반 플라스틱으로, 나머지는 묶어서 바이오 플라스틱이라고 합니다.

바이오 플라스틱의 경우 많은 분이 의아해하더군요. 식물 원료 플라스틱을 바이오 플라스틱으로 분류하는 건 이해되는데 화석연료 생분해성 플라스틱도 같은 그룹에 속하니 생소하다면서요. 생분해성 플라스틱은 어쨌거나 미생물 작용으로 빨리 분해되는 미생물 친화 플라스틱이니 그렇게 분류한다고 이해하면 됩니다.

바이오 플라스틱 중 식물 원료 난분해 플라스틱을 **바이오 기반 플라스틱**이라고 합니다. 식물 원료를 사용했지만 일반 플라스틱과 똑같은 구조로 만들어져 생분해가 안 되는 플라스틱인데요. 식물 원료에 '기반하다'는 말은 식물 원료를 많이 사용했다는 의미로 우리나라에선 20퍼센트 이상 사용하면 바이오 기반 플라스틱으로 인정해 줍니다. 즉 식물 원료 20퍼센트, 화석연료 80퍼센트인 플라스틱부터 100퍼센트 식물 원료만 사용한 플라스틱까지 모두 바이오 기반 플라스틱이 되는 거죠. 바이오 기반 플라스틱은 **바이오PE 바이오PP 바이오PET 바이오PA** 등입니다.

많이 복잡하죠. 여기까지 읽었는데 아직 어렵다면 그림을 보세요. 개념이 좀 더 분명하게 정리될 겁니다. 전문가들도 헷갈리는 거니까 잘 외워지지 않더라도 답답해하지 말고 쉬엄쉬엄 가도록 해요.

바이오 기반 플라스틱의 장점은 석유로 만든 플라스틱과 재질이 같아서 함께 섞어 재활용할 수 있다는 점인데요. 즉 화석연료 100퍼센트로 만든 PE와 바이오PE는 같은 재질이어서 섞으면 PE로 재활용이 된다는 소리죠. 분리배출할 수 있다는 뜻이기도 하고요.

또 재활용되지 않아 소각하더라도 온실가스 배출이 일반 플라스틱보다 적다는 장점도 있습니다. 소각 시 이산화탄소가 나오더라도 식물

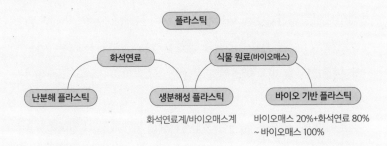

플라스틱

화석연료   식물 원료(바이오매스)

난분해 플라스틱   생분해성 플라스틱   바이오 기반 플라스틱

화석연료계/바이오매스계   바이오매스 20%+화석연료 80%
~ 바이오매스 100%

플라스틱은 원료에 따라 화석연료와 바이오매스로, 미생물 분해가 잘되는지 여부에 따라 난분해성과 생분해성으로 구분된다. 바이오 플라스틱은 바이오매스와 생분해성 모두 포함하는 플라스틱을 말한다.

원료가 사용된 양만큼은 온실가스로 간주하지 않거든요. 식물에 들어 있는 탄소는 대기 중 이산화탄소 농도를 높이지 않는 걸로 보기 때문인데, 광합성을 통해 대기에서 왔으니 원래 자리로 되돌아간다고 여기는 거죠. 이것을 식물의 탄소중립 성질이라고 합니다. 다만 매립되거나 자연환경에 버려진다면 일반 플라스틱처럼 분해되지 않아 문제가 됩니다.

정부는 주요 탄소 중립 대책으로 바이오 기반 플라스틱을 확대하려고 하는데요. 바로 이 같은 탄소 중립 성질 때문입니다. 2050년까지 플라스틱의 47퍼센트를 바이오 기반 플라스틱으로 대체한다는 탄소 중립 시나리오를 2021년에 발표하기도 했고요.

기후 위기에 대응하려면 화석연료 플라스틱 대신 식물 원료인 바이오매스 플라스틱을 쓰는 건 자연스러운 흐름이라고 봅니다. 그러나 앞으로 수요가 계속 급증한다면 유전자조작작물로 플라스틱 원료를 공급하자는 위험한 주장도 나올 텐데요. 우리 목표는 생태계 파괴를 최소화하면서 식물 원료를 조달할 방법을 찾는 겁니다. 새로운 대안은 또 다른 문제를 낳기 때문에 부작용을 최소화하는 방안도 고려해야 하니까요.

생분해성 플라스틱은 자연환경에서 미생물 분해가 빨리 일어나도록 고안한 소재로 분해가 잘되니 원료가 식물이라고 생각하는데 화석연료로도 가능합니다. 빠르게 분해되는 조건만 맞추면 되니까요. PBAT 같은 플라스틱은 석유로, PLA는 옥수수 등 식물로 만들어진 생분해성 플라스틱입니다.

생분해성 플라스틱은 미세플라스틱 문제의 대안으로 언급되기도 하는데요. 그 가능성을 판단하려면 먼저 '분해'라는 개념부터 정확하게 알아야 합니다. 예전에는 플라스틱이 작은 조각으로 쪼개져 눈에 보이지 않으면 사라진 거로 여겼어요. 분해된 건지 미세플라스틱이 된 건지 모를 불확실한 상태로요. 미세플라스틱 문제가 불거지고 나서야 문제의식이 생겼죠.

플라스틱이 작은 단위로 쪼개지는 열화deterioration와 분해degradation는 구분해야 합니다. 열화는 미세플라스틱이 진행되는 과정이고, 분해는 미생물의 작용으로 유기물질이 물과 이산화탄소로 분자구조가 완전히 바뀌는 과정이죠.

생분해성 플라스틱은 플라스틱의 고분자 덩어리가 잘게 쪼개진 후 미생물이 잘 먹어 치울 수 있게 더 작은 조각으로 나뉘는 구조입니다. 그런데 생분해성 플라스틱 중 산화 생분해성 플라스틱이 있어요. 잘 쪼개지기만 하고 최종 분해가 잘 되지 않아 EU에서는 사용을 금지하고 있죠. 생분해성 플라스틱이면 다 분해될 거라는 생각은 그야말로 그린 워싱 마케팅에 현혹될 소지가 다분합니다.

생분해성 플라스틱은 분해되지 않는다

생분해성 플라스틱은 개념만 놓고 보면 좋은데, 실제론 가볍지 않은 문제를 안고 있어 이런저런 논란이 많습니다.

먼저 **생분해 기능 문제**인데요. 생분해성 플라스틱으로 인증받은 재질 대부분이 자연에서 빨리 분해되지 않는다는 거죠. 인증을 받으려면 실험실에서 특정 조건을 통과해야 하는데요. 바로 '6개월 동안 58℃ 온도에서 90퍼센트 이상이 최종 분해될 것'으로 사실 자연환경에서 통하기 어려운 조건입니다.

그러다 보니 당연히 미생물 분해 속도가 느리죠. 유엔환경계획 자료에 따르면 현재 개발된 생분해성 플라스틱 중 PHA나 TPS 재질 정도가 자연환경에서 상대적으로 잘 분해되는 반면, 가장 많이 사용되는 PLA나 PBS는 분해가 더디다고 합니다.

분해 속도가 어느 정도여야 환경에 문제없는지는 아직 불명확한데요.

수백 년 동안 분해되지 않는 일반 플라스틱에 비하면 생분해성 플라스틱이 낫긴 하겠지만 오랜 시간 미세플라스틱 상태로 바다를 돌아다닌다면 대안으로 보기 어렵겠죠. 적어도 1년 안에는 최종 분해되어야 대안이 될 겁니다.

다음으로는 **쓰레기 처리 관점에서 어떤 의미가 있을지** 의문점이 있습니다. 생분해성 플라스틱은 땅에 매립할 때 분해가 잘된다고 강조하는데요. 도시 쓰레기는 대부분 소각 처리하므로 사실 큰 의미가 없어요. 소각장에서 고온에 타버리는데 미생물 분해 여부가 무슨 소용이겠어요. 설사 재활용품으로 내놓는다고 해도 일반 플라스틱과 섞이면 재활용도 안 될뿐더러 오히려 일반 플라스틱 재활용을 방해하고요.

이렇듯 현재 쓰레기 처리 시스템을 보면 생분해성 플라스틱은 재활용을 방해하는 단점만 드러납니다. 이런 문제가 제기되면 옹호론자들은 생분해성 플라스틱만 따로 모아 묻으면 되지 않냐고 반문하죠. 아쉽지만 그 또한 문제가 됩니다. 공기가 통하지 않는 땅속에서는 혐기성 분해가 일어나 메탄가스가 배출되거든요. 이산화탄소보다 온실효과가 21배나 강한 지독한 온실가스죠.

요즘은 매립지에서 나오는 메탄을 막기 위해 썩는 쓰레기의 매립을 금지하는 추세라서 생분해성 플라스틱을 묻자는 주장은 오히려 시대 흐름에 맞지 않아요. 문제를 단면적으로 볼 게 아니라 전체적으로 봐야 합니다. 무조건 대안으로 포장하거나 무용성을 따지지 말고 장점이 발휘될 만한 분야에 보급하는 편이 낫다고 봅니다. 실용적으로 접근하자는 거죠.

우선 생분해성 플라스틱은 쉽게 버려질 소지가 있는 제품에 사용되는 것이 바람직합니다. 앞에서 나온 멀칭 비닐이나 통발 같은 도구들이요. 자연환경으로 유출될 가능성이 커서 100퍼센트 쓰레기로 수거해 관리하기 어려운 품목이라면 생분해성 플라스틱이 그나마 나으니까요.

그래도 어디까지나 차선책이라는 사실은 잊지 말아야 합니다. 어차피 멀칭 비닐이 분해될 테니 땅에 묻어버리자는 의견이 나온다면 문제가 생겨요. 비닐을 100퍼센트 수거할 수 없어 농지에 두는 경우와 의도적으로 비닐을 땅에 폐기하는 건 다른 얘기잖아요. 생분해성 비닐은 최소한의 안전장치 역할이지 만능은 아닙니다. 가능하면 최대한 쓰레기로 관리해야죠.

생분해성 플라스틱을 퇴비화하는 방향으로 재활용하자는 의견도 있는데요. 그럴듯하지만 따로 퇴비화 시설을 운영할 만큼 생분해성 플라스틱만 모을 체계를 구축할 수 있을지가 관건입니다. 비용이 많이 들기도 하고요. 또 생분해성 플라스틱이 과연 퇴비로 만들 만한 가치가 있을까요? 다시 말해 재활용이라는 명분에 너무 집착할 필요는 없다는 말입니다.

퇴비화를 진행한다고 해도 대부분은 물과 탄소로 분해됩니다. 그럼 남는 게 없잖아요. 차라리 태워서 에너지로 이용하는 편이 좋지 않을까요? 이산화탄소가 배출될 우려는 미생물로 분해될 때도 발생하거든요. 둘 다 같은 문제가 있다면 태워서 얻는 열을 에너지로 쓸 수 있는 쪽이 더 남는 장사 아닐까요.

마지막으로 **원료 조달 문제**인데요. 바이오 플라스틱은 2017년 기준으로 약 200만 톤이 생산됐어요. 이만큼을 조달하려면 농지 면적 82만 헥타르, 전 세계 토지의 0.016퍼센트(목초지를 제외한 작물 재배 농지만 고려하면 0.058퍼센트)가 들어간답니다. 현재 전 세계 플라스틱 생산량이 연간 4억 톤인데 이 플라스틱을 모두 바이오 플라스틱으로 대체한다면 전체 농지의 11.4퍼센트가 필요하다는 말이니 엄청난 양이죠.

바이오 플라스틱은 만능이 아니고 아직 기술도 완전하지 않습니다. 기후 위기 때문에라도 화석연료 플라스틱은 줄이고 점차 식물 원료 플라스틱으로 대체해야겠지만 단번에 될 순 없죠. 일반 플라스틱, 생분해성 플라스틱, 바이오 기반 플라스틱을 혼용하는 긴 과도기를 거치며 각각의 장점을 잘 살려야 할 거예요. 플라스틱 한 종류로 모든 문제를 해결할 수 있다는 극단적 사고에서 벗어나 균형 잡힌 실용적 접근이 필요합니다.

플라스틱은 모두 재활용될 수 있을까?

분리배출은 복잡하고 재활용은 어렵고, 머릿속을 복잡하게 만드는 플라스틱은 아무리 봐도 민폐 덩어리인데요. 당장 일상에서 모두 퇴출하면 속이 시원하겠지만 사실상 불가능합니다. 우리 문명이 근대 이전으로 돌아갈 게 아니라면 사용할 수밖에 없죠. 그렇다면 플라스틱이 투기나 소각 없이 모두 재활용될 수 있는 방법을 찾아야 합니다. 가능한 일일까요?

지난 67년 동안 전 세계 플라스틱 재활용률은 10퍼센트입니다. 우리나라 플라스틱 재활용률은 생활 쓰레기와 사업장 쓰레기를 모두 합해 30퍼센트 남짓으로 추정되는데요. 생활 쓰레기만 기준으로 보면 플라스틱 쓰레기 중 24퍼센트만 최종 재활용되었죠. 전 세계 평균과 비교하면 무려 2배 이상 높지만 그래도 30퍼센트를 넘지 못합니다. 도토리들이 올망졸망 모여 누가 더 큰지 다투는 꼴이랄까요.

EU는 2030년까지 모든 플라스틱을 재사용·재활용 가능한 구조로 만들고 재활용률을 50퍼센트 이상 높이겠다는 야심 찬 계획을 발표했는데요. 2018년의 일입니다. 플라스틱 재활용이 잘되려면 무엇을 어떻게 해야 할까요? 다소 복잡하고 긴 내용이지만 문제와 대안을 차근차근 짚어보겠습니다.

먼저 **플라스틱 제품의 색깔과 재질이 단순해져야 합니다**. 이 둘을 통일해야 버려지지 않고 살아남을 가능성이 커지니까요. 플라스틱은 수십 가지 재질이 있는데요. 재질별로 성질이 다른 탓에 같은 재질끼리 모아야 재활용이 됩니다. 분리배출 표식에 'OTHER'로 표시된 플라스틱은 여러 재질이 섞인 복합 재질이란 뜻인데, 단일 재질로 바꿔야 재활용이 한결 쉬워집니다.

색깔이 다양하면 보기에는 좋지만 색깔별로 선별하기 어렵고 여러 색이 섞인 상태로 녹이면 탁한 재생 원료가 나와요. 품질이 폭삭 망하는 거죠. 색이 단순해야 같은 색으로 반복 재활용이 가능한데요. 백색이나 투명한 종류로 단일화한다면 더할 나위 없겠죠. 이 친구들은 필요할 때 다른 색을 넣어 사용할 수도 있으니 쓰임새가 많아 가치가 높습니다.

현재 페트병은 투명한 색깔로 거의 통일되었어요. 막걸리 병을 제외한 음료병도 그렇고 가정에서 배출되는 페트병의 90퍼센트 이상이 투명합니다. 이처럼 페트병은 고급 재활용을 할 수 있는 재질 개선에 나름 성공했는데요. 문제는 다른 재질의 플라스틱입니다. PE나 PP는 색깔이 너무 다양해 가정에서 버려지는 것들 대부분이 검은색으로만 재활용되는 상황이에요.

특히 배달 용기는 거의 PP 재질인데요. 음식 자국이 묻으면 씻어도 잘 안 지죠. 이 상태로 배출해도 될까요? 네, 됩니다. PP는 색깔별로 선별하지 않기 때문에 국물 색과는 상관이 없어요. 만약 PP 재질이 모두 흰색이고 같은 색으로 선별한다면 문제가 되겠지만 지금은 대부분 검은 재생 원료를 만드는 상황입니다.

반면 페트병의 PET 재질 라벨은 골라내야 하는데요. 같은 PET 재질이라도 투명한 페트병에 라벨이 섞이면 안 됩니다. 색 인쇄가 된 라벨이 투명 페트병에 섞이면 인쇄된 면 색이 페트병 재생 원료 품질을 떨어뜨리거든요. 그래서 페트병을 분리배출할 때 라벨을 반드시 떼라고 하는 겁니다. 이처럼 어떤 재생 원료를 만드는지에 따라서 분리배출의 기준이 달라집니다.

그러면 앞으로 우리의 재활용 목표는 어떻게 설정해야 할까요? 1강에서 배운 닫힌 고리 재활용을 다시 한번 소환하겠습니다. 페트병을 페트병으로, 같은 용도로 반복 재활용하는 흐름 말이죠. 이렇게 닫힌 고리 재활용이 원활히 진행되려면 재질과 색깔을 단순화하는 강한 규제가 필요합니다.

EU에서 모든 플라스틱을 100퍼센트 재사용·재활용이 가능한 구조로 만들겠다고 발표했잖아요. 재활용이 가장 어려운 비닐 포장재의 경우 단일 재질로 전환 후 100퍼센트 재활용한다는 기준을 세워 관련 기술 개발에도 애쓰고 있습니다. 이를 위해 생산자 그룹·연구 기관·재활용 업체가 연대해 CEFLEX The Circular Economy for Flexible Packaging라는 플랫폼을 만들었고요.

EU의 눈높이로 보면 국내 비닐 포장재는 문제가 많죠. 우리나라는 폐기물고형연료SRF, 즉 비닐을 태워 에너지를 회수하는 방법을 기준으로 재활용 결과를 평가하므로 복합 재질 비닐이 문제가 안 되거든요. 우리도 빨리 개선해야 합니다. 재질 구조 단순화에 관한 장기 목표를 명확하게 제시하고 생산자를 압박해야죠. 물론 소비자들도 강하게 요구해야 하고요. 강연에서 만난 한 할머니는 물건을 살 때마다 꼭 과대 포장을 지적하는 후기를 남긴다는데요. 너무 훌륭한 행동이라고 칭찬하며 물개 박수를 쳤어요.

소비자 어택을 거창하게 생각할 필요는 없습니다. 할머니처럼 간단한 의견만 제시해도 훌륭한 소비자 행동이거든요. 앞으로는 과대 포장뿐만 아니라 플라스틱의 색깔과 재질까지도 단순하게 해달라고 요구해야 합니다.

포장재 문제를 해결하려면 먼저 재활용품 분리배출 체계가 품목 특성에 맞게 다양해져야 하죠. 선별 시설에서 분류가 어려운 플라스틱은 거점을 정해 수거하는 게 답이잖아요. 제로 웨이스트 매장, 주민센터, 학교, 교회 등 지정할 수 있는 장소는 다양합니다. 보증금제와 함께 가면 더 활발하게 운영될 거고요. 배출 경로는 많을수록 좋습니다.

다음으로 **플라스틱 재활용 기술이 다양해질 필요가 있습니다.** 지금은 단순히 플라스틱을 녹여 재생 원료를 만드는데요. 물리적 혹은 기계적 재활용으로는 고품질 재생 원료를 만들기 쉽지 않아요. 기계적 방법의 기술 수준을 높여도 순수한 플라스틱 원료를 얻기엔 한계가 있고요. 선별과 세척만으로는 색깔, 첨가제, 오염물질 따위를 제거하기 어렵기 때문이죠.

따라서 고품질 재생 원료로 뽑아내기 어려운 플라스틱을 재활용할 새로운 기술이 필요합니다. 최근 해외에선 유기용제로 플라스틱만 녹여서 이물질을 제거한 순수한 플라스틱만 뽑아내는 기술도 있고, 플라스틱의 고분자 상태를 저분자 상태로 분해한 후 다시 플라스틱으로 합성하는 화학적 재활용 기술도 실용화되었는데요. 우리도 빨리 선진 기술을 도입해 여러 재활용 기술을 갖추어야 합니다.

화학적 재활용에 대해서는 문제가 많다는 지적(에너지 과용 및 오염물질 배출, 기술적 완성도 낮음)도 있지만 지금의 한계를 고려하면 신기술은 분명 필요합니다. 재질이 복잡하고 이물질 제거가 어려울 땐 화학적 재활용이 받쳐줘야 닫힌 고리 재활용이 빈틈없이 완성될 테니까요.

그런데 선진 재활용 기술을 도입하는 데 큰 걸림돌이 있습니다. 바로 비용인데요. 전통적인 기계적 방식보다 훨씬 비싸거든요. 재생 원료를 비싼 가격으로 팔 수 있어야 들여올 텐데요. 플라스틱 원료를 쓰던 기업들이 비싼 재생 원료를 사용할까요? 이 문제를 풀려면 생산자의 책임을 강화할 수밖에 없는데요. 지금부터 생산자에 책임을 부과하는 생산자책임재활용제도를 들여다보겠습니다.

형식적 책임에서 실질적 책임으로 : EPR 제도의 과제

재활용의 책임이 누구에게 있고 어떤 책임인지 따지려면 생산자책임재활용제도를 살펴봐야 합니다. 심도 있는 내용을 공부하고픈 예비 쓰레기박사들은 제도의 배경과 의미가 조금 어렵더라도 끝까지 읽어주시길 부탁드려요. 박사 과정은 곧 인내거든요.

전통적으로 쓰레기 처리의 책임은 배출자에게 있다고 봤습니다. 이것을 배출자 부담원칙이라고 하는데요. 현재도 우리나라 「폐기물관리법」상 폐기물 관리의 대원칙이죠. 생활 쓰레기 배출자는 주민들인데요. 주민들이 알아서 쓰레기를 처리할 수는 없습니다. 가정마다 드럼통을 두고 태울 순 없잖아요. 그래서 생활 쓰레기는 지자체가 책임지고 주민들은 쓰레기 처리에 드는 비용을 부담합니다. 전 세계 어디서나 똑같아요.

예전에는 지자체가 쓰레기를 수거해 매립을 했죠. 그러다 소각 방식이 등장합니다. 재활용의 역사도 참 오래되었는데요. 처음엔 지자체가 아니라 비공식적으로 '넝마주이'라고 불린 사람들이 돈이 되는 것들을 주워 생계를 유지했습니다. 넝마주이로 칭한 이유는 옛날에 주로 헌 옷이 돈이 되었기 때문입니다. 희한하게도 동서양을 막론하고 명칭이 같은데요. 영어로 래그피커^{rag picker} 즉, 헌 옷 줍는 사람입니다. 19세기 전까지는 헌 옷이 종이의 주원료였기 때문에 래그피커들이 집중적으로 수집했던 거죠.

미국과 유럽의 일부 국가 등 선진국에서 지자체가 재활용품을 따로 수거하기 시작한 때는 1980년대입니다. 1970년대 이후 일회용품이 본격적으로 증가하면서 쓰레기 문제가 심각해지자 재활용품은 무상으로, 일반 쓰레기는 돈을 받고 수거하는 방식으로 분리배출을 촉진하는 시스템을 만들죠. 우리나라는 1995년 쓰레기 종량제를 시행하면서 비로소 재활용품 분리수거 체계가 도입되었고요.

그런데 지자체가 주도해서 재활용품을 수거하는 이 방식은 근본적인 한계가 있어요. 버려지는 재활용품 양이 증가하면서 지자체의 재정 부담이 커지고, 더 큰 문제는 처음부터 재활용이 잘되는 물건을 만들어야 하는데 생산자들은 팔면 그만이니 이 문제를 전혀 신경 쓰지 않았던 겁니다. 그 뒤치다꺼리를 지자체가 하다 보니 쓰레기 문제가 계속 커지게 되죠. 이후 지자체는 쓰레기 치우는 고생은 고생대로 하고 욕도 먹는다는 사실을 자각했고, 문제를 제대로 해결하려면 문제를 일으킨 원인자인 생산자에게 책임을 지워야 한다는 발상의 전환이 일어나게 되었습니다.

이런 움직임은 1980년대 후반 유럽에서 시작되었고 1991년 독일에서 처음으로 생산자책임재활용제도로 구체화하여 시행됩니다. 생산자가 일회용 페트병, 유리병, 캔, 플라스틱병을 직접 수거해 재활용하도록 의무를 부여한 건데요. 이는 곧 프랑스 벨기에 오스트리아 등 유럽국과 일본 등으로 확산하고 2003년부터는 한국에도 들어옵니다.

생산자책임재활용제도는 영어로 EPR Extended Producer Responsibility 제도인데요. 직역하면 확대된 생산자 책임이라는 뜻이죠. 확대 Extended 는 생산자의 책임이 제품의 품질과 안전을 넘어 쓰레기 처리까지 넓어졌다는 의미입니다. 책임 Responsibility 은 자신이 판매한 제품이 쓰레기로 배출되면 재활용해야 하는 의무를 말하는데요. 구체적인 내용은 국가별로 조금씩 차이가 있습니다.

처음 EPR 제도를 시작한 독일 시스템은 생산자가 재활용품을 수거해서 재활용까지 모든 과정을 다 책임지는 형태였는데요. 프랑스는 생산자가 비용을 내면 지자체가 수거 및 선별 작업을 맡는 시스템입니다. 즉 궂은일은 지자체가 하고 생산자는 돈으로 때우는 거죠.

일본은 재활용품 수거 및 선별 작업과 비용을 지자체가 몽땅 책임지고 재활용 단계만 생산자가 관리하는 생산자 친화형 시스템입니다. 유럽에서 시작된 EPR 제도가 인도양과 태평양을 건너오면서 생산자 책임인 듯 아닌 듯 이상하게 바뀝니다. 생산자 책임의 탈을 쓴 '지자체에 덮어씌우기'라고 할까요. 정리하면 생산자의 책임은 다음과 같이 독일이 제일 강하고 일본이 가장 약합니다.

독일 (생산자 완전 책임)	>	프랑스 (지자체 수거 및 선별, 생산자 비용부담)	>	일본 (지자체 수거 및 선별 책임, 생산자 재생 책임)

그렇다면 한국의 EPR 시스템은 어떻게 작동하고 있을까요? 일본에 조금 더 가까운 유형인데요. 주택가 지역은 지자체가 수거 및 선별 모두 담당합니다. 생산자가 지원하는 비용은 없고요. 아파트 지역은 민간 사업자가 수거 및 선별을 맡는데요. 플라스틱 포장재(페트병, 기타 플라스틱 용기, 비닐)에 대해서는 민간 선별업체에 일부 선별 비용이 지원되죠. 유리병, 종이팩, 금속 캔, 페트병, 기타 플라스틱 용기, 비닐 재활용업체들에게 재활용 비용을 주고요. 지원 단가와 지원량은 매년 새로 정하고 있습니다.

시스템을 자세히 설명하려면 무척 복잡해서 페트병을 예로 들어 최대한 간단히 살펴보겠습니다.

먼저 환경부가 페트병 음료 회사 등 생산자가 매년 재활용할 의무량을 정합니다. 2022년도 투명 페트병 재활용의무율은 80퍼센트로, 지원금 단가는 환경부가 참여하는 별도 민간 위원회가 정하는데요. 2022년에는 킬로그램당 137원으로 책정됐죠. 즉 그해 음료 회사가 페트병을 100톤 사용했다면 80톤의 페트병을 재활용하고 1096만 원(80톤×137,000원)을 선별 및 재활용업체에 내야 합니다. 생산자가 내는 돈은 제품 판매가에 포함되니 결국은 소비자 돈이죠.

생산자는 선별업체나 재활용업체에 돈을 직접 주는 대신 생산자의 재활용 의무를 위탁 관리하는 대행 기구를 거칩니다. 우리나라에서는 재활용 공제조합이라고 하는데요. 가령 포장재 업무는 한국포장재재활용사업공제조합에서 수행합니다. 조합에 가입한 생산자가 분담금을 내면 생산자 일을 대신 해주는 거죠. 또 한국순환자원유통지원센터를 통해 선별 및 재활용업체를 관리합니다. 왠지 복잡하고 낯선 층층시하 구조인데요. 우선은 이 정도만 하고 넘어가겠습니다.

생산자
⇩
한국포장재재활용사업공제조합
⇩
한국순환자원유통지원센터
⇩
재활용사업자

어떤가요. EPR 제도를 좀 길게 설명했는데요. 품질이 좋으면 비싸더라도 생산자들이 재생 원료를 사용하게끔 EPR 제도가 제대로 역할을 할 수 있을까요? 저는 어렵다고 생각합니다. 지금 방식은 생산자 책임을 돈으로 때울 수 있어서 다분히 형식적이거든요. 저품질 재생 원료로 다운 사이클링이 되더라도 생산자가 공제조합에 돈만 내면 책임을 다한 걸로 보니까요. 생산자가 재생 원료를 다시 사용하도록 해야 실질적 재활용 책임이죠. 자신이 판매한 물건이 재활용되는지 끝까지 살펴야 제대로 된 책임입니다.

2021년 11월 개정된 우리나라 「자원재활용법」에는 생산자가 재생 원료를 쓰면 그만큼 공제조합에 내는 분담금을 줄여주는 내용이 있는데요. 너무나 소극적인 방법입니다. 벌금을 매겨 채찍질해도 모자랄 판에 이런 방식으로 어느 세월에 플라스틱 문제를 해결할까요. 눈치 보지 말고 생산자에게 제대로 책임을 묻는 당당한 EPR 제도가 되어야 합니다.

물론 생산자에게만 모든 것을 맡겨둘 수는 없습니다. 소비자가 주도해서 새로운 재활용 체계를 만들어가는 노력도 필요한데요. 이 측면에서 플라스틱 방앗간 사례를 눈여겨볼 만합니다.

2020년에 문을 연 플라스틱 방앗간은 작은 플라스틱을 모아 녹인 후 필요한 물건을 만든다고 해서 방앗간이라는 이름이 붙었는데, 시작부터 시민들 호응이 폭발적이었죠. 플라스틱 방앗간은 2012년 데이브 하컨스Dave Hakkens가 네덜란드에서 시작한 프레셔스 플라스틱Precious plastic 캠페인의 한국 모델입니다.

프레셔스 플라스틱은 '보물 같은 플라스틱'이라는 뜻인데요. 깨끗한 플라스틱을 따로 잘 모아서 쓸모 있는 제품을 만들자는 소비자 주도형 플라스틱 업사이클링 캠페인이죠. 캠페인의 1차 목적은 플라스틱 재활용에 있지만 효과는 여기에 그치지 않습니다. 플라스틱을 모으는 '실천'은 소비자들이 플라스틱 문제를 계속 고민하는 계기가 되죠.

참새들(작은 플라스틱을 모아 보내주는 시민들을 말함)의 참여 후기를 보면 작은 플라스틱을 모으면서 평소 플라스틱을 얼마나 많이 사용하는지 알게 된다는 글이 참 많습니다. 실천하면서 무엇이 문제인지를 인식하게 된 거죠.

이제 플라스틱 방앗간은 제로 웨이스트 네트워크의 정거장으로 저변을 넓히고 있는데요. 전국 제로 웨이스트 매장과 연대해 작은 플라스틱을 모으는 거점으로 활용하고 이렇게 모은 플라스틱을 여러 업사이클 업체로 보내죠. 업사이클 제품을 전시·판매도 하고요. 작은 플라스틱 조각이 일궈낸 큰 변화입니다.

지금까지 플라스틱의 쟁점들을 알아봤는데요. 문제 해결의 방향이 뚜렷하게 보이기보단 오히려 더 답답해졌죠? 저도 희망을 얘기하고 싶은데 강의 때마다 답답한 마음이 듭니다.

유대계 독일 시인 볼프 비어만은 부모가 아우슈비츠로 끌려간 암울한 상황에서 이렇게 말했다죠. "이 시대에 희망을 말하는 자는 사기꾼이다. 그러나 절망을 설교하는 자는 개자식이다."

우리는 근거 없는 희망에 취하거나 대책 없는 절망에 빠지지 말고 할 수 있는 행동을 찾아야 합니다. 혼자선 어렵더라도 여러 실천이 모이면 탈플라스틱 미래가 올 것입니다.

3

친환경 일회용은 없다

일회용 플라스틱을 어떻게 줄일 수 있을까

Circular Economy

어제도 아이들과 함께 배달 음식을 시켜 먹고야 말았습니다. 딸은 요즘 푹 빠져 있는 마라탕을 시켰고 아들은 치느님을 영접했죠. 혼자 카페를 이용할 때는 텀블러를 들고 다니면서 일회용 컵 사용을 피해보지만 가족 개개인의 입맛을 점령한 배달 음식은 정말 끊기 어렵습니다. 쓰레기가 집 한 구석에 쌓이고 제 한숨도 쌓입니다.

가벼운 일회용 플라스틱 용기는 '가벼운 절망'입니다. 일회용 플라스틱 용기를 묵직한 재사용 용기로 바꾸는 '무거운 희망'은 어디에 있을까요? 이번 강의에서는 어느새 우리 일상 소비를 점령하고 있는 일회용품을 몰아낼 희망을 탐색해 보겠습니다.

가벼운 절망을 넘어 무거운 희망을 찾아서

1950년대 이후 지구 생태계는 급격히 파괴되었습니다. 오른쪽 그림을 볼까요. 인구·실질 GDP 등 사회경제 흐름과 대형 홍수·생물 멸종 등 생태계 영향을 파악할 수 있는 지표가 각각 12개로 나타나는데요. 흐름을 보면 모든 지점이 1950년대 이후 급격하게 증가합니다.

거대한 가속 The Great Acceleration으로 불리는 이 흐름은 제2차세계대전 이후 인류가 화석연료에 취해 멸망으로 가는 가속페달을 밟은 결과입니다. 그렇게 우리에게 닥친 현실이 바로 인류세 위기죠.

인류세는 노벨화학상을 수상한 네덜란드의 화학자 파울 크뤼천Crutzen, P.이 2000년에 제안한 개념인데요. 인간에 의한 지구 생태계 파괴의 흔적, 즉 생물 대멸종의 흔적이 지구 지층에 화석으로 남게 될 테니 지질학적으로 '홀로세' 시대가 끝나고 '인류세'라는 새로운 시대가 열렸다고 보자는 겁니다. 인간이 초래한 생태 환경 위기가 그만큼 심각하니 빨리 대책을 세워야 한다는 경종이기도 하죠.

흔히 우리는 생태계가 망가지면 지구도 망한다고들 합니다만 엄밀히 말하면 멸망하는 건 지구가 아니에요. 지구는 앞으로도 태양 주위를 돌며 별일 없이 잘 살 겁니다. 위험에 처한 건 지구에 살고 있는 생물들이죠. 우리는 지구상 모든 생명을 위기로 몰아넣고 있습니다.

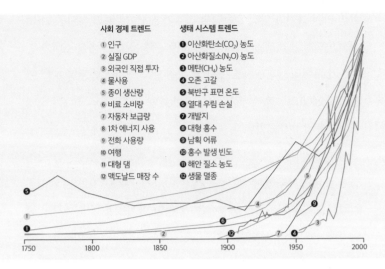

사회 경제 트렌드
① 인구
② 실질 GDP
③ 외국인 직접 투자
④ 물사용
⑤ 종이 생산량
⑥ 비료 소비량
⑦ 자동차 보급량
⑧ 1차 에너지 사용
⑨ 전화 사용량
⑩ 여행
⑪ 대형 댐
⑫ 맥도날드 매장 수

생태 시스템 트렌드
❶ 이산화탄소(CO_2) 농도
❷ 아산화질소(N_2O) 농도
❸ 메탄(CH_4) 농도
❹ 오존 고갈
❺ 북반구 표면 온도
❻ 열대 우림 손실
❼ 개발지
❽ 대형 홍수
❾ 남획 어류
❿ 홍수 발생 빈도
⓫ 해안 질소 농도
⓬ 생물 멸종

거대한 가속

호주 국립대 교수 윌 스테펀과 네덜란드 대기화학자 파울 크뤼천, 미국 조지타운대 교수 존 맥닐은 인간의 사회경제 변화와 관련된 12개 지표와 지구 생태 변화와 관련된 12개 지표를 통해 인류세 위기를 구체적으로 분석했다. 모든 지표가 1950년대 이후 급격하게 상승하는 흐름을 거대한 가속이라고 이름 붙였다.

출처: researchgate.net

몇 해 전 전북 부안 앞바다에서 잡힌 아귀 배에서 20센티미터 크기 생수병이 나온 사진을 봤는데요. 이 끔찍한 사진을 보면서 인간이 얼마나 잔인하게 생태계를 유린하고 있는지를 느꼈습니다. 세상에 공짜는 없어요. 인간이 지금처럼 지구를 학대한다면 결국 대가를 치를 수밖에 없습니다. 점점 다가오는 기후 위기라는 재앙은 지구가 우리에게 보내는 청구서 아닐까요.

거대한 가속은 두 얼굴을 가지고 있습니다. 물질 소비가 증가하는 행태를 긍정적으로 보면 평등해졌다는 해석도 가능해요. 소수 지배층만

이 누리던 과거와 달리 오늘날은 다수가 화석연료를 마음껏 쓰며 비교적 넉넉한 소비생활을 하니까요. 이런 상황을 두고 물질 소비의 민주화가 구현되었다고 하죠. 단면만 보면 인류 역사에서 문명이 한 단계 진화했다고도 볼 수 있겠고요. 그런 측면에서 인류의 거대한 도약이라며 찬양하기도 합니다.

그런데 말입니다. 설사 긍정적인 면이 있다 해도 문제는 현재와 같은 소비 방식은 지속될 수 없다는 것입니다. 지구 생태계가 더는 버티기 어려워졌으니까요. 지금 당장 지속 가능한 발전을 위한 변화가 필요합니다. 특히 소비의 방향과 속도 조절이 중요한데요. 일회용에서 다회용으로, 패스트 문화에서 슬로우 문화로 나아가야 합니다. 물질 낭비의 대표 주자가 바로 일회용품이죠. 그래서 일회용품 소비문화를 바꾸는 일은 가장 시급할 뿐만 아니라 소비문화를 전환하는 상징이기도 합니다.

하지만 이때 유의할 점이 있습니다. 근본적인 변화 없이 제품의 재질만 바꾸고 친환경으로 포장하는 데 현혹되면 안 된다는 건데요. 단언컨대 지구를 살리는 친환경 소재란 없어요. 소재가 친환경적이라고 해도 소비량이 늘면 문제가 생기기 마련이죠. 이를테면 종이가 플라스틱보다는 친환경적일 수 있지만 그렇다고 마음껏 써도 될까요? 면섬유도 마찬가지고요. 친환경 소재를 강조하는 기업의 마케팅에 휘둘리지 말아야 합니다. 기업이 가장 두려워하는 건 소비자들이 소비를 줄이는 거거든요. 그래서 새로운 소재를 내세워 소비를 조장하는 마케팅을 하고 또 합니다.

기업의 친환경 마케팅은 그린 워싱과 한 끗 차이인데요. 일회용품의 유혹이 워낙 강하다 보니 우리는 '친환경 재질이면 일회용이라도 괜찮아'라는 기업의 속삭임에 쉽게 넘어가죠. 친환경 재질이라고 안심하지 말고 꼭 필요한지 돌아보는 태도가 필요합니다. 종이 빨대보다 빨대 자체를 안 쓰는 편이 좋아요. 생분해성 일회용 플라스틱 컵보다 텀블러가 낫고요.

일회용 문화는 어떻게 우리 일상에 스며들었나

제가 대학을 다니던 90년대 초반만 해도 일회용품은 그리 많지 않았는데요. 불과 30년 만에 우리 생활 전반을 차지하게 됐습니다. 슬그머니 들어와 곳곳에 자리 잡은 일회용 문화는 대체 어디서 어떻게 만들어졌을까요?

본격적인 일회용 문화는 지금으로부터 70여 년 전, 제2차세계대전 이후 시작되었습니다. 물론 그 전에도 일회용품을 사용했지만 즐겨 쓰기 시작한 때가 바로 이 시기인데요. 전쟁 기간 동안 억눌린 대중의 소비 욕구와 거대한 군수 산업의 생산력이 맞물리면서 본격적인 대중 소비 시대가 찾아왔죠. 1955년 <라이프> 표지는 급부상한 일회용품 시대를 보여주는데요. 하늘에서 비처럼 쏟아지는 일회용품을 온 가족이 환호하며 맞이하는 모습입니다. 당시 도래한 일회용 문화를 사람

1955년 <라이프> 표지
한 번 쓰고 버리는 일회용품으로 집안일을 줄일 수 있다며 홍보한다. 공중으로 던져진 접시와 포크를 치우려면 40시간이 걸리니 사용하고 버리기를 권장하는 내용이 담겨 있다.

들이 얼마나 반겼는지 짐작이 가죠.

1950년대는 일회용 문화가 본격적으로 도입된 시기이자 과도기인데요. 사람들이 일회용 문화를 반기면서도 낯설어했거든요. 재밌는 사실은 소비자들이 처음엔 일회용품을 씻어서 재사용했다는 거예요. 한번 쓰고 버리는 문화에 적응이 안 된 거죠. 그러자 사람들이 편리한 일회용 문화에 열광할 거라는 단꿈에 젖어있던 플라스틱 업체는 당황합니다. 빨리 쓰고 버려야 계속 팔리잖아요. 과연 업체들은 어떤 대응을 했을까요?

1956년 <모던 패키징> 편집장 로이더 스토퍼는 뉴욕에서 열린 플라스틱 업체들 모임에서 이렇게 말합니다. "플라스틱의 미래는 쓰레기통에 있으니 플라스틱 산업은 재사용 포장재에 대한 생각을 버리고 일회용에 집중해야 한다"고요. 일회용 문화를 정착시키면 황금알을 낳는 거위가 될 테니 사람들이 이 문화에 적응하도록 대대적인 캠페인을 해야 한다는 거죠.

이후 사람들은 그들 계획대로 한 번 쓰고 버리는 문화에 차츰 익숙해

집니다. 로이더 스토퍼는 1963년 한 강연에서 일회용 플라스틱으로 가득 찬 쓰레기통을 흡족해하며 자랑스레 소개하기도 하는데요. 이 일화를 보면 1960년대 초에 이미 플라스틱 일회용품이 다양하게 쓰였다는 것을 알 수 있습니다.

1960년대는 그야말로 본격적인 일회용품의 시대가 열립니다. 미국 뉴욕을 시작으로 카페에서 스티로폼이나 종이로 된 일회용 컵을 사용하기 시작하고요. 1964년에는 세븐일레븐에서 최초로 커피 테이크아웃 서비스를 제공합니다. 이때부터 일회용 컵에 담긴 커피를 밖에서 마시는 문화가 시작되는데요. 그로부터 20년 후 스타벅스를 비롯한 프랜차이즈 커피 전문점이 늘어납니다.

우리나라는 1998년 할리스커피 강남점을 필두로 이듬해 스타벅스 1호점이 이화여대 근처에 문을 열면서 테이크아웃 시대가 열렸죠. 지금이야 길에서 일회용 컵을 들고 다니는 모습이 자연스러운 일상이 되었지만 이런 문화는 불과 20년밖에 되지 않았습니다.

일회용 컵만큼이나 빠르게 우리 일상을 휘어잡은 소재가 있는데요. 바로 일회용 비닐 봉투입니다. 비닐봉지는 1965년 스웨덴에서 처음 사용하기 시작했죠. 1982년에 미국 최대의 슈퍼마켓 체인이 종이봉투 대신 비닐 봉투를 들여오면서 미국에서도 본격적으로 사용되었습니다.

스웨덴에서 비닐봉지가 발명된 계기는 당시 주로 쓰이던 봉투 소재인 종이를 아껴 나무를 보호하자는 취지였다는데요. 좋은 취지로 탄생한 비닐봉지가 지금은 오히려 환경을 해치는 주범으로 비난받으니 아이러니하죠. 일회용 비닐 봉투를 먹고 죽은 고래나 코끼리를 보면 어떤 마음이 드나요. 우리는 지금 값싸다며 남용하고 함부로 버린 대가를 치르고 있습니다.

1970년대 초반에는 음료 용기의 강자 페트병이 탄생합니다. 1950년대까지는 재사용 유리병이 대세였는데요. 차츰 일회용 유리병과 캔으로 대체되다가 1970년대에 이르러 페트병이 재사용 유리병 시장을 장악하기 시작합니다. 일회용 유리병·캔·페트병, 이들의 융단폭격을 맞으면서 유리병 재사용 시장은 지금 심폐소생이 필요할 정도로 겨우 숨만 붙어있습니다.

우리는 일회용 컵만 일회용품 소비라고 생각하는데요. 한 번 쓰고 버리는 페트병이나 캔, 유리병도 모두 일회용품입니다. 일회용품 아닌 물건을 찾아보기 어려울 정도죠. 특히 최근 주요 쟁점으로 떠오른 일회용품이 있죠. 바로 배달 용기입니다.

음식 배달은 조선 후기에 한 선비가 과거 시험을 치고 냉면을 시켜 먹었다는 기록에서 확인할 수 있듯 유구한 역사를 가지고 있습니다. 일제강점기 때 설렁탕부터 해방 후 짜장면까지 늘 배달 문화가 있었는데요. 2011년 이후 배달 앱이 생기면서 배달에 일회용기가 등장합니다. 배달원을 직접 고용하던 기존 방식과 달리 전문 배달원에게 건별 비용을 내는 방식으로 바뀌면서 배달 용기는 다회용기에서 일회용기로 대체됩니다. 빈 그릇을 수거할 때마다 비용을 지불해야 하니 자연스럽게 일회용기를 쓰게 된 거죠.

이렇듯 배달의 역사는 오래되었지만 일회용기가 쓰인 기간은 겨우 10여

년에 불과합니다. 우리가 사는 세상이 일회용 문화로 바뀌고 있다는 점을 극명히 보여주는 예시죠. 단기간에 점령되어 버린 이 사태를 어찌하면 좋을까요.

다회용기 사용이 일상화된 미래 가능할까?

다행히도 곳곳에서 재사용 사회로 가기 위한 움직임이 일고 있는데요. 특히 식당에 용기를 들고 가서 음식을 직접 포장해 오는 활동이 주목받고 있습니다. '부끄러워하지 말자' '자기 용기를 당당하게 내밀자'는 중의적 의미로 **용기내 캠페인**이라고 하죠. 요즘 '용기족'이 많아져서 얼마나 반가운지 모릅니다.

이 캠페인을 매장 주도로 하는 사례도 있는데요. 서울 연남동에는 일회용기를 전혀 사용하지 않는 유명한 케이크 가게가 있어요. 여기서 케이크를 사려면 용기를 챙겨야 하죠. '포장하고 싶으면 용기를 들고 오라'는 메시지가 이 가게만의 특별한 영업 방침입니다. 제품에 대한 자부심을 바탕으로 소비자들에게 친환경 소비를 요구한다니, 멋지지 않나요.

그런가 하면 일회용품을 사용하지 않는 곳으로 유명한 카페 '보틀팩토리'는 매년 주변 매장들과 함께 **유어보틀위크**를 여는데요. 참여 매장은 3주 동안 일회용품을 쓰지 않는 실험을 합니다. 방문자가 제로클럽 앱을 설치하고 본인 용기에 음식을 담으면 포인트를 받죠. 2021

년에는 무려 79개 상점이 참여했습니다.

용기내 캠페인은 일회용 문화를 극복할 수 있는 아주 훌륭한 실천입니다. 이 같은 개인의 선한 행동이 지핀 불씨가 활활 타오를 수 있게 지자체나 정부, 기업 차원에서 적극 후원할 필요가 있습니다. 정부는 2022년부터 **탄소중립실천포인트제도**를 시행하고 있는데요. 다회용기 사용과 같은 활동으로 현금처럼 사용할 수 있는 포인트를 얻는 제도입니다.

하지만 용기내 캠페인만으로는 일회용 문화를 변화시킬 수 없습니다. 텀블러 캠페인은 비교적 오래되었고, 텀블러를 쓰면 소비자에게 음료를 할인해 주지만 텀블러 사용 비율은 여전히 1퍼센트도 채 안 되는 상황이죠. 소비자 개인이나 매장의 자발적 참여를 넘어서 다회용기 사용을 독려할 수 있는 시스템이 절실한 이유입니다.

그렇다면 시스템은 어떻게 구축할 수 있을까요? 다회용기 서비스를 일상화하려면 우선 다회용기 보증금 시스템이 필요합니다. 매장 밖으로 나가는 다회용기를 회수해 다시 쓸 수 있어야 일회용기보다 친환경적이라고 할 수 있을 텐데요. 보증금이라는 안전장치가 있으면 빈 용기가 무사히 반환되겠죠.

이미 한 프랜차이즈 업체는 일부 지역(서울시, 제주시)에서 다회용 컵 보증금 사업을 운영하고 있는데요. 다회용 컵에 1,000원의 보증금을 부과하고 반납 시 현금이나 포인트로 돌려주는 시스템입니다. 부산에서도 시청 주변 카페를 시작으로 다회용 컵에 보증금을 부과하는 카페가 늘고 있습니다. 반가운 일이죠. 지금은 일부에 불과하지만 여러분들이 이 책을 읽고 있을 즈음에는 길에서 쉽게 발견할 정도로 많아지기를 바랍니다.

이렇게 민간 시스템이 활성화되는 것도 바람직하지만 전국적인 시스템 구축을 위해선 공공 기반 시스템도 필요합니다. 제주와 세종에서 실시되고 있는 일회용 컵 의무 보증금 제도가 전국으로 확대된다면 카페 수만 곳을 중심으로 보증금 부과 및 반환, 재활용에 대한 인프라가 구축될 텐데요. 이 시스템이 곧 다회용기 보증금 시스템으로 확대되면 좋겠습니다. 카페뿐만 아니라 도시락·샐러드·반찬·아이스크림 매장·영화관·스포츠 경기장 등 일회용기를 사용하는 모든 곳으로 확대해야 합니다.

보증금 시스템이 잘 자리 잡으려면 다회용기 대여·세척 인프라를 구축해야 하는데요. 사실 용기를 수거하고 세척하려면 공간도 고려해야 되고 일회용기보다 손이 가잖아요. 이 문제는 다회용기 관리를 전담하는 전문 업체로 해결할 수 있습니다. 카페에서는 다회용기를 빌려 손님에게 제공하고 컵을 회수해 세척하는 일은 다회용기 대여 업체가 맡는 거죠.

이 서비스를 이용하면 매장은 대여 수수료만 내면 되니 편리합니다. 직원들이 설거지로 혹사당할 일도 없을 테고요. 일회용기도 줄이고 관련 사업 일자리도 만들어지니 일석삼조인 셈이죠. 2022년 4월 1일부터 매장 내 일회용기 사용이 금지되었는데요(같은 해 11월 24일부터 종이컵도 사용금지). 일회용기를 사용해 온 곳에서는 대여 업체를 적극 활용해 보길 바랍니다.

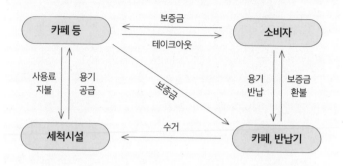

다회용기 보증금 시스템 작동 원리
다회용기 보증금 시스템은 다회용기가 돌고 돌아 재사용될 수 있는 다회용기 사회로 가
는 혈관이다.

대여·세척 시스템은 다회용기 위생 문제도 쉽게 해결할 수 있습니다. 다회용기를 쓴다고 위생 문제가 있는 건 아니지만 소비자들이 심리적으로 거부감을 가질 순 있잖아요. 특히 수차례 밖에서 사용되었다면 우려하는 마음이 크겠죠. 그래서 더더욱 소비자들이 신뢰할 만한 체계적인 시스템이 필요합니다. 다단계 기계 세척과 살균을 거쳐 최종 세균 검사까지 하는 공장식 시스템을 갖춰야 위생 관리가 제대로 될 테니까요.

다회용기 위생에 관한 논쟁이 많다 보니 한 다회용기 서비스 업체에서 재미있는 실험을 합니다. 포장을 막 뜯은 일회용 컵과 세척·살균 과정을 거친 다회용 컵의 오염도를 비교했는데요. 일회용 컵은 식품 위생 안전 기준 200RLU(미생물 오염도 측정 단위. 수치가 높을수록 오염도가 높음)의 절반 수준인 125RLU, 다회용 컵은 19RLU가 나왔다고 합니다. 깨

ATP 오염도 측정 테스트 결과

일회용품 대체 서비스 업체 '트래쉬버스터즈'에서 조사한 자료에 따르면 포장을 바로 제거한 일회용 컵의 세균이 세척·살균 시설을 거친 트래쉬버스터즈 다회용 컵보다 6.6배나 많다.

출처: trashbusters.kr/clean-safe

꼼꼼히 세척한 다회용 컵이 훨씬 위생적이라는 사실을 실험으로 입증한 거죠.

그럼 보증금제와 대체 서비스도 있으니 당장 실행하면 될 것 같은데 걸림돌이 있습니다. 비용 문제인데요. 다회용기를 쓰면 일회용기 구입비는 절감되지만 수거·세척 비용이 꽤 많이 들거든요. 전국 여러 곳에서 진행된 시범 사업을 보면 다회용기 하나당 평균 100~200원 정도 들어갑니다. 수거 장소와 수량에 따라 더 증가할 수도 있고요.

음식 배달인 경우 평균 500~1,000원 정도 추가될 텐데요. 이 비용을 누가 부담할지가 관건입니다. 업주들은 일회용기를 사용할 때 드는 비용 이상은 꺼릴 거고, 소비자도 가격이 오르면 다회용기를 기피할지도 몰라요. 법으로 매장 밖으로 나가는 용기도 다회용기를 사용하도록 의무화하는 방법도 있겠지만 당장 시행되긴 어렵습니다. 매장

내 일회용기 사용금지 조항만으로도 '자영업자 다 죽인다, 소비자 불편이 증가한다'는 식의 반대가 봇물처럼 터져 나오니까요.

어떻게 하면 대중들로 하여금 다회용기의 중요성에 대한 공감을 불러일으킬 수 있을까요? 다회용기 사업을 하거나 꿈꾸는 분들과 방안을 모색해 봤습니다.

첫째로, 환경문제를 전면에 내세운 정면 돌파 방법입니다. 일종의 가치소비 전략이죠. 비용을 더 내더라도 기꺼이 친환경 소비를 하겠다는 소비자를 집중 공략하는 건데요. 예를 들어 비건 대상으로 다회용기 상품을 적극 개발하는 거죠. '제비'라고 들어봤나요? 제로 웨이스트와 비건을 합친 말로 제로 웨이스트 실천에 적극적인 비건인을 지칭하는 말인데요. 비건이 되면 삶의 지향이 제로 웨이스트로 향할 수밖에 없거든요. 비건 메뉴를 포장하거나 배달할 때 다회용기를 권하면 다회용기 사용의 좋은 모델이 나오지 않을까요?

둘째로, 실용성을 강조하는 방법입니다. 다회용기를 사용함으로써 얻는 장점을 적극 부각해 만족감을 주는 거죠. 배달 시킬 때 편리하잖아요. 식사 후 반납만 하면 되니까요. 용기 종류를 스테인리스로 선택하면 환경호르몬 걱정도 없을 거고요.

셋째로, 식사의 품격을 높일 수 있습니다. 일회용기에 담긴 음식을 허겁지겁 먹는 것보다 재질이 좋은 식기로 먹는 한 끼가 자신을 존중하는 모습이죠. 식사는 생존만을 위한 행동이 아니잖아요. 제대로 차려 먹는 밥은 품위와 연결되는 가치니까요. 다회용기 대여·세척 업체 '잇그린'은 2021년 하반기부터 스테인리스 다회용기 배달 시범 사업을 진행하고 있는데요. 플라스틱 용기보다 훨씬 보온이 잘되고 식당에서 먹는 기분이라는 의견 등 좋은 후기가 많았습니다. 소비자가 직접 이용해 보면 생각 이상으로 만족도가 높다는 걸 알아요.

도시락 사업 쪽에서 다회용기 단체 주문처를 공략하면 초기 시장 안정화에 도움이 될 텐데요. 규모의 경제가 되면 수거 및 세척 비용이 덜 드니까요. 우선 공공기관에서 나서서 다회용기 도시락 주문을 의무화해야 합니다. 얼마 전 세종시 정부 회의에 갔더니 일회용 도시락을 제공하더라고요. 지역에 다회용 배달 음식점이 있는데도 말이죠.

지자체에서는 취약계층 대상 도시락 지원 사업을 하는데요. 일회용 도시락 대신 다회용 도시락 사용을 제안합니다. 정부나 지자체만 결심하면 바로 시행할 수 있는 사안이죠. 민간 기업이나 행사에서도 단체 주문을 할 때 다회용 도시락을 선택하게끔 권장하는 장치가 필요한데요. 정부에서 다회용기 이용 방법에 관한 정보를 민간 기업에 제공할 필요가 있습니다.

동네마다 제로 웨이스트 매장 알맹이 도시로

그렇다면 일회용 포장재는 어떻게 줄여야 할까요? 이 문제도 역시 시스템과 인프라가 중요합니다. 흔히 일회용품 사용을 줄이라며 개인의 실천과 문화를 강조하는데요. 과연 개인의 의지만으로 가능할까요? 뛰어난 실천력을 보이는 사람의 사례를 보여주며 다수의 게으름을 질타할 수 있을까요?

개인의 실천만 자꾸 강조하다 보면 정작 시스템을 마련해야 할 국가와 생산자의 역할이 축소될 우려가 있어요. 장바구니만 열심히 든다고 비닐 포장재는 줄지 않습니다. 일회용 포장재를 안 쓰고도 소비가 가능한 시스템이 만들어져야 합니다.

어떤 인프라를 만들어야 할까요? 가장 중요하면서도 시급한 인프라는 무포장 상태로 물건을 제공하거나 세제 등을 리필해 주는 제로 웨이스트 매장이라고 봅니다. 우리가 소비를 줄이면 좋긴 하겠지만 아예 소비하지 않고 살 순 없잖아요. 그러니 조금 더 나은 대안들, 친환경적인 소비가 어떤 건지 보여주고 또 소비자들이 실천할 수 있는 공간이 필요한데요. 제로 웨이스트 매장이 바로 그런 역할을 합니다.

제로 웨이스트 소비문화가 활발해지려면 동네 단위로 걸어서 15분 이내에 제로 웨이스트 매장이 있어야 합니다. 장바구니와 용기를 들고 가서 필요한 만큼만 살 수 있는 곳. 동네마다 이런 곳이 들어선다면 **알맹이 도시**가 되는 거죠.

불과 몇 년 전만 해도 제로 웨이스트 매장이 생소했는데요. 2020년 6월 서울 마포구 망원동에 '알맹상점'이 문을 연 후 전국에 제로 웨이스트 매장이 폭발적으로 증가하고 있습니다. 2021년에만 100곳 이상이 들어섰어요. 성공 가능성이 미지수인 사업에 "껍데기는 가라 알맹이만 오라"며 씩씩하게 내딛은 알맹상점 대표들 덕분에 우리 사회에 제로 웨이스트 매장이 뿌리내리는 단초가 마련되었는데요. 동네마다 한 곳 이상 매장이 들어서도록 체계적인 지원이 필요합니다.

매장의 형태는 다양하게 할 수 있어요. 기존 매장 일부를 제로 웨이스트 영역으로 바꾸기도 하고요. 취급 물품 중 채소나 과일, 곡물 등을 포장 없이 판매하다가 모든 제품으로 확대해 나가는 형태도 있을 거고요. 비건 카페와 함께 운영될 수도 있을 거예요. 한살림 두레생협 아이쿱 등 생협들도 제로 웨이스트 매장을 확대하고 있고, 올가홀푸드도 네 군데가 환경부 녹색특화매장으로 지정되어 제로 웨이스트 품목을 취급하고 있습니다.

서울시는 2022년 상반기에 홈플러스 등 대형 유통매장 10곳에 제로 웨이스트 매장을 입점시키는 제로마켓 시범 사업을 하고 있어요. 아모레퍼시픽이나 아로마티카 같은 화장품 업체에서 개별적으로 리필 매장을 운영하기도 하고요.

제로 웨이스트 매장이라고 해서 고정된 장소에 있을 필요는 없습니다. 이동식 매장도 가능합니다. 장터가 열리는 아파트들 있잖아요. 장터 기간에 이동식 매장이 꾸려진 차량에서 리필 세제 등을 파는 거죠. 환경 관련 행사가 열리는 곳에 팝업 매장을 열 수도 있고요.

동네 단위로 제로 웨이스트 매장을 활성화하려면 매장 수를 늘리는 게 답이 아닙니다. 원활하게 잘 운영돼야죠. 방문하고 싶은 곳이 되게끔 품목을 제대로 갖추어야 합니다. 그러려면 개별 매장을 지원하는 시스템이 필요합니다. 최근 크게 증가하고 있는 제로 웨이스트 매장 소식은 반가우면서도 염려되는데요. 열정으로 뛰어든 운영자들이 자신을 소진시키다 금방 지쳐 포기하게 되니까요. 지속 가능한 방향으로 자리 잡으려면 탄탄한 인프라 지원이 뒷받침되어야 합니다.

한 예로, 여러 리필 용기를 일일이 관리하기란 꽤 힘든 일이거든요. 운영자는 물건만 판매하고 용기는 필요한 설비가 갖춰진 곳에 세척을 맡기는 방식으로 운영자의 노동을 덜어줘야 합니다. 전문 업체가 관리하면 위생이 보장되니 소비자들도 안심할 수 있을 테고요. 무포장이나 리필용 제품을 거래할 업체를 찾는 일도 운영자 혼자서는 버거우니 생산자가 제품을 일정 비율 이상 공급하게끔 의무를 부여할 필요가 있습니다.

제로 웨이스트 매장 운영자들 이야기를 들어보면 많은 소비자가 매장을 이용할 수 있게 홍보해 주는 도움도 절실하다고 합니다. 공공앱을 개발해 매장 이용객들에게 포인트를 지원하고 매장을 갈 때마다 탄소 배출 저감 등 환경에 얼마나 기여했는지를 수치로 알 수 있으면 좋지 않을까요? 이런 서비스도 제로 웨이스트 매장에 큰 도움이 될 것 같습니다.

알맹상점을 비롯한 전국의 제로 웨이스트 매장들은 주기적으로 회의를 하며 후발 매장에 컨설팅도 해주고 공동 사업도 하고 있는데요. 이제는 생협처럼 협동조합으로 전환하는 문제를 고민할 때라고 봅니다. 협동조합으로 뭉쳐 공동 마케팅도 하고 조합원을 받아 탄탄한 고객을 확보하는 전략도 필요합니다.

그러자면 지자체의 체계적인 지원이 절실한데요. 공공도서관이나 주민센터 내에 매장을 열 만한 곳을 물색해 저렴한 비용으로 공간을 제공한다거나, 재사용·업사이클 센터를 설치해서 제로 웨이스트 매장

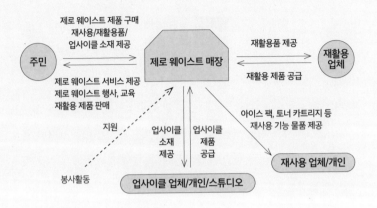

제로 웨이스트 매장의 다양한 역할
동네 제로 웨이스트 매장은 커뮤니티 내 제로 웨이스트 문화를 조성하는 사랑방 역할을 할 수 있다.

을 전문적으로 지원해 줄 필요도 있습니다.

재활용품 수거 플랫폼, 브리타 어택, 화장품 용기 어택 등 지난 1년 동안 알맹상점이 해온 실험을 보면, 동네 기반의 제로 웨이스트 매장이 단순 소비를 넘어 지역 내 제로 웨이스트 문화 플랫폼의 역할을 해냈거든요. 제품 판매뿐만 아니라 재사용 문화를 확산하는 재활용품 및 업사이클 소재 수거 공간, 주민 교육 및 행사 공간으로서요.

이렇듯 제로 웨이스트 매장은 다양한 가능성을 가지고 있는데요. 실천적인 활동가들이 또 어떤 실험을 통해 새로운 모습을 보여줄지 정말 기대가 됩니다.

일회용 포장재는
어떻게 몰아낼까

제로 웨이스트 매장 활성화는 곧 소비 단계에서 일회용 포장재 사용을 줄이는 방법인데요. 거슬러 올라가 기업의 적극적인 역할로 생산 및 유통 단계에서 아예 일회용 포장재를 없애는 방법은 없을까요?

앞서 기업이 매장에 리필용 제품을 일정 비율 이상 공급하게끔 책임을 부여해야 한다고 했는데, 한 걸음 더 나아가 생산단계부터 재사용 용기를 사용하게 하는 방법도 있습니다. 생산자 역할이 더 강화되는 거죠. 보증금이 걸린 소주병 맥주병 음료병을 판매점을 통해 수거한 후 세척해서 재사용하는 경우입니다. 빈 용기를 회수해 재사용 시스템으로 운영되는 훌륭한 본보기인데요. 생수병이나 우유병을 비롯하여 식품을 담은 병 등으로 확대해야 합니다.

한살림은 2009년부터 자체적으로 유리병 재사용 운동을 하고 있죠. 2014년부터는 안성 물류센터에 유리병 세척 시설을 설치해 70여 개 품목을 재사용 유리병으로 공급하고 있습니다. 2020년 한 해 동안 약 40만 병을 모아서 재사용했다고 해요.

그러나 한살림 단독으로 하기엔 한계가 있습니다. 유리병 수거·세척 인프라를 운영하려면 규모의 경제가 필요한데요. 많은 업체가 참여해 권역별로 세척 설비를 두어 물류와 세척 비용을 줄이고, 생산자들도 재사용 유리병을 선택할 수 있는 최소 수요를 보장해 줘야 합니다. 이미 시도한 사례가 있으니 다른 업체가 못 할 이유가 없잖아요.

또 한편으로는 재사용을 넘어서 아예 일회용 포장재 사용을 막는 더 강한 규제 도입도 검토해야 합니다. 프랑스는 이미 2021년부터 과일 및 채소 30종에 일회용 플라스틱 포장재 사용을 금지했거든요. 일회용품뿐만 아니라 일회용 포장재도 대상이 될 수 있음을 보여준 사례인데요. 프랑스에서 중요한 시사점을 던졌다고 봅니다. 우리도 농산물 유통과정을 면밀히 검토해 품목을 선정하고 단계적으로 금지해야 합니다. 온라인 유통이 증가하면서 포장폐기물도 증가하고 있는데, 이런 포장재도 재사용해야 합니다. 국내에서는 쿠팡이나 마켓컬리, 이마트가 신선식품용 보냉 상자를 재사용하고 있는데 모든 회사가 상자를 표준화해 공유하는 시스템으로 발전시킬 필요가 있습니다.

무엇보다 소비자에게 선택권을 주는 것이 중요해요. 책처럼 굳이 완충재가 필요 없는데도 비닐로 둘둘 싸맬 필요가 있을까요. 핀란드의 리팩REPACK이 바람직한 사례인데요. 보증금을 부과해 택배 포장재를 재사용하는 방식입니다. 우체국을 통해 포장재를 회수하고 반납한 소비자에게 보증금을 포인트로 돌려주는 시스템이죠.

우리도 재사용을 위해 소비자가 거점에서 포장재를 반납하는 시범 사업을 두 차례 했는데요. 본격적으로 확산되지는 않았습니다. 아무래도 물류비 증가와 소비자 불편이 원인일 텐데, 앞으로 계속 시도하면서 최적의 모델을 찾아가야 합니다. 재사용이 어렵다면 차선책으로 과대 포장을 줄이는 방법도 있습니다. 상자 크기가 다양하지 않다 보니 작은 물건을 주문해도 완충재로 꽉 찬 대형 상자가 배송되는데요. 아마존은 이 문제를 해결하기 위해 제품 크기에 맞는 택배 상자를 그때그때 제작하고 있습니다. 제품을 스캔한 다음 전용 상자를 만들어 포장재 낭비를 최소화하는 거죠. 우리도 하루빨리 이런 기술을 개발해야 합니다.

끌려갈 것인가 끌고 갈 것인가
: 누구와 연대하고 어떻게 저항할까

일회용품과 포장재 문제를 고민하다 보면 결국 소비자 실천을 넘어 기업의 문제로 귀결됩니다. 시스템이 받쳐주지 않으면 개개인의 노력은 한계가 있기 마련이니까요. 재사용 사회로 가기 위한 구체적인 시스템 설계는 기업이 적극적으로 나서야 합니다. 시행착오를 거치더라도요.

2018년은 소비자들이 나서서 일회용 컵 보증금 제도 도입을 정부에 강하게 요구한 해입니다. 2020년 법안이 통과되어 2022년 12월부터 제주와 세종에서 시범 실시되고 있는데 하루빨리 전국으로 확대되어야 합니다. 이 제도가 도입되면 카페나 소비자 모두 일회용 컵을 사용하는 데 불편해지겠죠. 2021년부터 스타벅스가 다회용 컵 테이크아웃 사업에 나섰는데요. 누가 강요하지 않았는데도 기업이 다회용 컵 보증금 시스템을 시작하게 된 이유입니다.

이처럼 일회용품 사용을 규제하고 다회용기를 사용하자는 목표를 강하게 제시하면 기업 스스로 구체적인 대안을 찾게 됩니다. 직접적으로 기업을 규제하는 일은 당연히 정부의 역할인데요. 가만히 내버려 두면 정부가 알아서 하지 않습니다. 규제할 수 있는 여건이 필요하거든요. 즉 여기서도 소비자의 역할이 큽니다. 기업에도 정부에도 강하게 요구해야 합니다. 일회용품 사용과 쓰레기 버리는 일이 불편하다고 문제를 계속 제기해야만 정부와 기업 모두 움직일 테니까요.

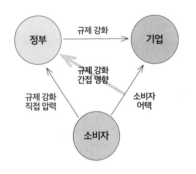

소비자는 정부와 기업에 일회용품 문제 해결을 위한 소비자 행동을 해야 한다. 기업을 대상으로 하는 소비자의 직접 행동은 기업이 정부의 규제강화를 받아들일 수 있는 여건을 만든다.

이렇게 되면 '끌려가거나 끌고 가거나', 결국 기업과 소비자의 대결 구도가 형성되는데요. 우리 내면의 욕망을 끊임없이 자극해 소비를 유도하는 기업의 마케팅에 저항하면서 기업이 생산 및 유통 방식을 바꾸도록 강하게 압박해야 합니다. 개인이 혼자 싸우기는 힘들죠. 그래서 이런 문제는 연대가 중요합니다. 동네마다 제로 웨이스트 매장이 생기고 관련 커뮤니티의 교류가 활발해지면 생산자에 대응할 연대가 단단해질 거예요. 전국의 제로 웨이스트 매장이 우리 사회가 쓰레기 없는 사회로 가는 힘이자 희망이라고 봅니다.

제로 웨이스트로 비즈니스하기
한국형 리필스테이션 「알맹상점」 사례

알맹상점 공동대표(고금숙 이주은 양래교)

나는 지금 쓰레기로 벌어먹고 산다. 돈을 벌기는커녕 돈을 갖다 썼던 '쓰레기덕질'에서 덕질과 직업이 쓰레기로 대동단결한, 성공한 덕후 성덕이 된 것이다. 그 시작은 화장품 쓰레기였다.

화장품을 바르고 씻어내면 하수도로 흘러드는데, 미세플라스틱이 들어 있는 화장품에서는 미세플라스틱이 나온다. 쓰레기에 진심인 사람들이 모여 눈이 빠지게 화장품 라벨을 들여다보았다.

아크릴레이트코폴리머, 폴리메타크릴산메틸 등 4,000개가 넘는 성분을 눈 돌아가게 찾아가며 미세플라스틱이 든 화장품 목록을 뽑아냈다. 미세플라스틱을 사용한 화장품 회사에 항의 메일을 쓰고 식약처에 미세플라스틱을 금지하라는 서명운동을 한 결과 결국 화장품 법이 개정되었다.

그때부터 썩지 않는 플라스틱이 더욱 눈에 밟혔고 플라스틱을 넘어 버려지는 모든 것들이 마음에 밟혔다. 바야흐로 '쓰레기 덕후'의 탄생이다.

2018년 환경단체를 그만둔 나는 우리 동네 망원시장을 전전하는 일상을 살게 되었다. 검정 비닐봉지 천국인 망원시장에서 비닐봉지 대신 사용할 재사용 장바구니를 대여하고 용기에 리필하는 제로 웨이스트 캠페인을 시작했다. 혼자 하면 재미도 없고 뻘쭘하니까 자신이 내민 용기를 거절당한 사람들을 모아 동네 모임으로 시작했다.

캠페인 이름은 **껍데기는 가라 알맹이만 오라**에서 인용한 **알맹@망원시장**으로, 모임 이름은 **알맹이만 찾는 자, 알짜**라고 붙였다. 동네 사람 열 명이 모여 망원시장에서 장바구니를 대여하고, 비닐봉지를 사용하지 않고 장을 본 사람들에게 채소와 과일 알맹이를 선물로 주고 고체 샴푸바,

화장품과 세제를 만들어 리필하는 작은 동네 커뮤니티였다.

우리는 만날 때마다 망원시장 '수요미식회' 스텝이라도 된 양 용기에 담아 살 수 있는 김치전과 떡볶이, 반찬 등을 나눠 먹었다. 모든 덕질이 그렇듯 우리도 자기 시간과 돈을 내서 2년여 동안 모임을 이어갔다.

딱히 모임 공간이 없던 우리의 아지트는 망원시장 상인회가 운영하는 카페M. 이곳에서는 음료만 주문하면 망원시장에서 파는 무엇이든 자유롭게 먹을 수 있다. 우리는 카페M에서 먹고 마시고 플라스틱 대체 물건을 만들다가 급기야 '신박한' 플라스틱 프리 물건을 들여놓기 시작했다. 다회용 빨대, 생리 컵, 실리콘 백, 대나무 칫솔, 샴푸바 등 일반 상점에서는 잘 팔지 않고 온라인으로 구매하는 물건들 말이다. 내 주변에는 스테인레스 빨대를 샀더니 물건값보다 택배비가 더 나오고 뽁뽁이가 한가득 딸려 왔다는 '고발'이 넘쳐난다.

망원시장 이용객들이 카페M에서 이런 물건들을 쉽게 접하면 좋지 않을까? 이렇게 망원시장 장바구니 대여 서비스와 함께 얼떨결에 카페M에 플라스틱 프리 무인 팝업 숍을 열었다. 그때 외국에서 본 제로 웨이스트 가게 사진이 생각났다. 대용량 말통에 소분 밸브나 펌프가 달려있는 리필용 세제와 화장품 말이다.

마침 알짜들 사이에선 언제까지 직접 세제와 샴푸를 만들어 쓰냐는 고뇌가 터져 나오고 있었다. 그래서 우리는 20리터 대용량 세제를 사서 각자 용기에 나눠 담아보았다. 어렵지 않았다. 플라스틱 분리배출 안 해도 되지, 포장 용기 값이 빠지니 더 저렴하지, 원하는 만큼 다양한 제품을 조금씩 사는 재미가 있지, 집에 물건 쟁여둘 필요 없지, 팔은 아프지만 펌프질도 나름 새롭고 재미있었다. 장점이 한가득이었다.

무엇보다 이렇게 쉽게 플라스틱을 안 쓸 수 있다는 확신을 얻게 되었다. 6개월 정도 팝업 숍을 운영하면서 우리가 기다리던 리필 가게를 그냥 우리가 차려버리자는 결론에 이른다.

이렇게 알짜로 만난 사람 세 명이 모여 2020년 6월 망원시장 근처에 국내 최초의 리필스테이션 '알맹상점'을 열었다. 알맹 캠페인에서 시작한 알맹상점은 이번 생에 사장이 처음이라서 어리버리한 사장과 목청 높은 캠페이너를 오가며, 비영리 활동과 영리 장사 사이에서 오픈 2주기를 맞이하고 있다.

처음 상점을 열 때는 20평 가게를 다 못 채울 만큼 무포장 제품들이 별로 없었다. 우리 가게는 설날 아침의 서울 거리처럼 한적하기만 했다. 알맹상점이 문을 열던 무렵에는 대용량 샴푸와 컨디셔너, 스킨과 로션 등을 파는 화장품 회사가 아예 없었다. 우리는 화장품 회사를 찾아가 제발 벌크 제품을 만들어달라고 애원하곤 했다. 플라스틱을 피하기 위해 스텐, 천, 나무, 실리콘 등으로 만든 제품은 긁혀서 상처가 나거나 때 타기 쉬워 일일이 비닐이나 종이 박스로 포장된 채였다.

결국 무포장으로 인해 제품에 하자가 생기면 모두 책임지고 사입하겠다는 조건으로 하나하나 포장을 벗긴 제품군을 늘려갔다. 상점을 준비하면서 나는 절실히 깨우쳐야 했다. 제로 웨이스트 가게는 소비자를 만나는 마지막 정거장과 같다. 종착지에 도착하기 전에 생산과 유통 단계에서부터 쓰레기를 줄인 제품이 있어야 한다.

그러니까 하나의 제로 웨이스트 가게가 존재한다는 의미는 그 가게의 선반을 차지한 수많은 물건의 생산과 유통이 변경됐다는 뜻이다. 제로 웨이스트 가게는 제로 웨이스트 기업과 물건이 자생하는 생태계 없이는 존재할 수 없다.

지금 알맹상점은 도떼기 시장처럼 물건을 첩첩으로 쌓아도 미어터진다. 선반 공간은 좁은데 온갖 종류의 물건을 들이밀어 가격표를 보기도 어렵다.

화장품, 세제, 건조 식재료 등 약 200여 종이 넘는 리필 제품과 버려지는 자원으로 만든 재활용 제품, 씻어서 다시 사용하는 다회용 제품, 나무·면·말털·코코넛 등의 천연 소재 제품 등 총 500여 제품을 판매한다. 또 재활용되지 않고 버려지는 실리콘, 운동화 끈, 크레파스, 커피 가루 등을 모아 재활용업체에 보내고 그곳에서 생산된 재활용품을 판매한다.

다른 사람들과 생활용품을 나눌 수 있는 공유 선반에는 하루에도 수십 건의 물물교환이 일어난다. 공유 선반 옆에 놓인 큰 메모장에는 하루가 멀다 하고 마침 이 물건이 필요했는데 어떻게 알았냐며 고맙게 잘 쓰겠다는 다정한 메모가 오간다.

알맹상점은 물건을 공유하고 버려지는 쓰레기를 모아 재활용하는 **우리 동네 자원순환 회수센터** 모델을 처음 시작했는데, 알맹상점 이후 제로 웨이스트 가게들은 대체로 이렇게 운영된다. 해외와 달리 국내 가게들은 물건 판매를 넘어 캠페인 성격이 강하다. 알맹상점이 국내 제로 웨이스트 가게의 긍정적 기준을 마련한 셈이다.

현재 제로 웨이스트 가게는 독일, 프랑스, 슬로베니아 등 유럽은 물론 태국, 인도네시아, 브라질 등 전 세계로 확산 중이다. 프랑스에는 2013년 개장한 후 현재 55개 매장을 운영하는 제로 웨이스트 숍 프랜차이즈 '데이바이데이Day by Day'가 있다. 또한 체코의 '미와Miwa'는 제로 웨이스트 매장을 위한 표준화된 용기를 보급하고 용기를 제조업체에 바로 보내 유통과정에서도 쓰레기가 나오지 않는 스마트한 시스템을 구축했다.

유럽 자료에 따르면 2030년까지 제로 웨이스트 가게 한 곳이 해마다 1만 톤의 포장 쓰레기를 줄이고 1만여 개의 일자리를 창출한다고 한다. 국내에서는 최초의 제로 웨이스트 가게 '더피커'가 생긴 후 2021년에 제로 웨이스트 가게가 급증하여 2022년 현재 약 150여 곳이 운영 중이다.

알맹상점 손님들은 스스로를 '알맹러'로 부르고 슬리퍼를 끌고 알맹상점에 갈 수 있는 거리를 뜻하는 '알세권'이란 단어를 만들어냈다. 하루에 약 100여 명이 방문하고 재방문율은 30퍼센트 정도다. 이 중 가장 알맹상점을 애정하는 이들은 바로 20~30대 MZ세대 여성들이다. 기후 위기를 자기 일로 여기고 각자의 자리에서 대안을 만들어 실천하며 적극적으로 삶의 방식을 바꿔낸 그들이 우리를 먹여 살린다.

손에 쥔 자원이 적고 차별에 노출된 젊은 여성들이 '불편'을 마냥 참는 자세가 아니라 '춤을 추며 절망과 싸우는' 태도로 대안적 삶의 방식을 기꺼이 껴안는다. 쓰레기를 하나라도 줄이기 위해 티끌처럼 작은 플라스틱과 리필 용기를 바리바리 싸 오고 공정무역과 비건 제품에 지갑을 연다. 만약 우리가 기후 위기에서 살아남는다면 팔 할은 이들 덕분이 아닐까. 그들을 만날 수 있고 그들에게 사랑받는 '힙한' 상점의 주인장이라니, 나는 진정 성공한 덕후라고 또 잘난 척을 해본다.

알맹상점은 2021년 약 1만 1,000개가 넘는 100밀리리터 플라스틱병 사용을 줄였고, 월평균 약 500킬로그램의 쓰레기를 모아 재활용했다. 그해 서울역 옥상정원에 일회용 컵을 쓰지 않는 테이크아웃 카페 '알맹상점 리스테이션'도 열었다. 알맹상점 2호점인 셈이다. 이곳은 동물성 성분을 사용하지 않는 비건 카페와 리필 가게를 겸한다. 2022년 현재 알맹상점에는 공동대표 셋을 제외하고 여섯 명의 매니저가 일하며 그중 절반 이상이 알짜 출신이다.

알맹상점은 정부와 기업 등 외부의 지원을 받지 않고 상점 수익만으로 운영되며 서울시 생활임금 수준의 월급제를 유지한다. 공동대표들 역시 일하는 노동시간에 따른 생활임금 수준의 시급을 받는다. 우리는 큰돈은 못 벌더라도 좋아하는 환경 일로 '먹고사니즘'을 해결하는 동네발 셀프 그린뉴딜을 꿈꾼다.

알맹상점이 '따로 또 함께' 해온 어택&캠페인

• 브리타 어택	2021년
• 화장품 포장재 어택 1차	2021년
• 화장품 포장재 어택 2차	2021년
• 리필스테이션 활성화를 위한 규제완화	2021년~현재
• 일회용 컵 어택	2022년
• 멸.종.위기 캠페인	2021년~현재

@ almang_market

4

지구를 위한 의義로운
소비는 가능한가

Circular Economy

쓰레기 문제를 파고들면 시스템의 변화 없인 개인이 아무리 애써도 한계가 있다는 걸 알게 됩니다. 소비자와 인프라가 사이좋게 짝지어 가야 하는 이유죠. 이번에는 일회용품처럼 소비되는 옷 이야기입니다.

근래 들어 트렌드를 좇는 욕망이 지구를 위기로 몰아넣고 있습니다. 마음에 드는 사진을 바로바로 SNS에 올리는 요즘, 유행에 민감한 SNS 문화가 소비를 충동질하는 듯한데요. 한편에선 친환경을 들먹이며 소비를 부추깁니다. '지구를 위한 옷'은 과연 존재할까요? 이번 강의에서는 패스트패션의 환경적 폐해와 미세섬유, 의류 쓰레기 문제를 두루 살펴보고 대안을 모색해 봅니다.

패스트패션이 부추기는 소비욕은 심각한 수준입니다. 전 세계의 생산 사슬을 통해 선진국으로 들어간 저가의 옷은 빠르게 소비되어 쓰레기가 되는데요. 우리는 옷장에 방치된 많은 옷을 의류 수거함에 넣고 재사용될 거라 여깁니다. 그러곤 죄책감을 덜어내죠. 이런 패턴을 반복해도 괜찮은 걸까요?

세계적으로 섬유 생산량은 꾸준히 늘고 있습니다. 이대로라면 2030년에는 1억 5000만 톤에 이를 거로 추정합니다. 그에 따라 패션 시장 규모도 어마어마하게 커질 텐데요. 이런 상황을 만든 주범이 바로 패스트패션Fast Fashion(맥도날드에서 패스트푸드를 사 먹듯 옷을 소비한다는 뜻으로 '맥 패션'이라고도 함. 미국의 GAP, 유럽의 H&M · ZARA, 일본의 유니클로 등)입니다. 패스트패션 산업은 스파SPA 브랜드가 등장하면서 폭발적으로 성장하기 시작합니다. 디자이너 수백 명이 디자인한 옷을 동남아시아 공장에서 저렴하게 찍어내 전 세계 유통망으로 판매하죠. 회사는 중간 유통단계를 생략하고 대량생산으로 비용을 줄여 발 빠르게 유행을 주도합니다.

전 세계 패션제품의 주요 수출국은 동남아시아와 중국 그리고 EU 국가인데요. EU는 고가 제품을 수출하고 중국과 동남아시아 국가들은 저가 제품을 위탁 생산합니다. 수량으로 따지면 이들이 세계의 공장

역할을 하는 셈인데요. 패션산업에 속한 노동자 수를 보면 중국 방글라데시 인도 베트남 인도네시아 순으로 많습니다. 특히 방글라데시는 국토 면적에 비해 패션산업 종사자가 아주 많아요. 국가를 먹여 살리는 산업으로 봐도 무방할 정도죠.

이 국가들이 전 세계 패션제품 생산기지가 된 이유는 저렴한 인건비 때문입니다. 섬유와 의류 공장에서 배출하는 폐수나 쓰레기는 그대로 강에 버려지고요. 이렇게 노동자와 환경을 착취하면서 마구 상품을 찍어 내니 선진국 소비자들이 옷을 일회용품 소비하듯 취하게 된 건데요. 이런 과정을 알면 패스트패션이 마냥 착한 가격이라며 감탄하긴 어렵습니다.

게다가 스파 시스템으로 유행 주기가 극단적으로 짧아져 많은 기업이 매월 신제품을 출시하고 심지어 울트라 패스트패션까지 등장해 주 단위로 새 옷이 나오는 형국입니다. 출시 속도가 빨라지면서 덩달아 유행과 소비도 빨라지는 악순환이 이어지고요. 패스트패션 산업과 대중의 소비욕이 맞물린 결과인데요. 기업은 발 빠르게 소비 트렌드를 반영한다지만 실상은 트렌드가 금세 바뀌도록 분위기를 조장하고 있는 거죠. 새로운 디자인을 선보이며 소비 욕망을 부추기니까요.

2000년에는 500억 벌의 옷이 생산되었는데요. 불과 20년 만에 의류 소비량이 2배로 뛰어 1년에 약 1000억 벌의 옷과 145억 켤레의 신발이 나옵니다. 미국에선 한 사람이 매년 53벌의 옷을 산다는데 거의 일주일에 한 벌씩 사는 셈이죠. 중국도 비슷합니다. 한 사람이 연간 30벌을, 전체 인구로는 400억 벌을 소비한다고 합니다. 우리나라는 정확한 통계가 없는데요. 제로 웨이스트 의생활 실천 문화를 제안하는 '다시입다연구소'의 설문조사를 보면, 인당 연간 10벌을 구매한다는 군요. 10년 전 어느 패션몰이 20대를 대상으로 한 조사에서는 연평균 78벌을 구입한다는 결과도 있었고요.

세계은행 자료에 따르면 의류 평균 사용률, 즉 한 번 사서 입는 횟수가 2000년 평균 200번에서 2015년에는 130번으로 36퍼센트 줄었습니다. 어떤 옷은 열 번도 채 안 입는다고 하고요.

한 다국적 온라인 이사 업체에서 20개국 1만 8,000명을 대상으로 옷 장에 안 입는 옷이 얼마나 되는지 조사해 보니 53~88퍼센트나 되더 랍니다. 패스트패션이 만든 오늘날 전 세계 옷장 속 풍경입니다.

폭주 기차를 멈추게 하라

이토록 팽창한 의류산업이 무서운 이유는 환경에 어마어마한 영향을 끼치기 때문입니다. 티셔츠 한 장을 만들어 소비하는 데 이산화탄소가 2.6킬로그램 배출되고 물도 12톤이나 듭니다. 청바지 한 장에는 이산화탄소 11.5킬로그램이 발생되고 물 55톤이 소비되고요.

의류산업 전 과정에서 배출되는 온실가스는 연간 약 40~50억 톤으로 전 세계 온실가스 배출량의 10퍼센트에 이르고 산업용 폐수의 20

퍼센트가 의류산업에서 나옵니다. 섬유를 생산하는 데 전 세계 농업 용수의 3퍼센트가 드는데 이 중 95퍼센트가 목화 재배에 사용되고요. 목화는 물을 많이 소비하는 작물인데 인도와 아프가니스탄 등 주로 물 부족 지역에서 많이 재배하는 상황이라 수자원 고갈에 영향을 미치죠. 게다가 목화 재배에 전 세계 농약의 6퍼센트가 쓰이는(살충제의 16퍼센트, 제초제의 4퍼센트 사용) 실정입니다.

천연섬유가 합성섬유에 비해 상대적으로 친환경처럼 보여도 환경에 미치는 영향을 생각하면 무조건 사용을 줄이는 것만이 최선입니다. 원료를 조달하고 염색하고 사 입고 버리는 전 과정에 많은 에너지와

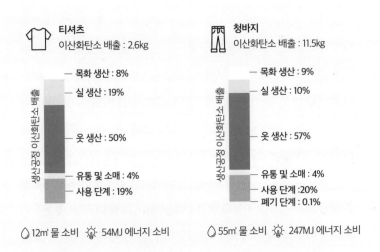

티셔츠·청바지 환경영향 평가
중국에서 생산된 후 스웨덴에서 사용된 의류를 대상으로 전 과정 환경영향을 평가한 결과
출처 KirsiNiinimäki. et.al., The environmental price of fast fashion, NatuerReviews Earth & Environmnet, 2020.4

화학물질이 드는 건 마찬가지니까요. 환경에 해가 없는 공짜 소비는 없습니다.

원래 옷을 만드는 섬유로는 주로 마·모직·비단·면(목화)이 사용되었는데 19세기 말에 인조섬유가 등장합니다. 최초의 인조섬유는 '빛나는 실'이란 뜻의 레이온(인견, 인조 비단)인데요. 값비싼 비단을 직접 만들어보자는 시도로 유럽에서 탄생한 섬유죠. 나무의 섬유소인 셀룰로오스를 활용해 만든 합성섬유입니다.

레이온은 20세기 들어 일상적으로 쓰이게 되는데 제조 기업과 사용된 목재에 따라 이름이 달라요. 이를테면 텐셀tencel과 리오셀Lyocell은 유칼립투스, 모달modal은 너도밤나무에서 나온 섬유죠. 이들은 나무에서 추출한 섬유지만 문제가 있어요. 식물의 섬유소를 녹이는 데 쓰는 화학물질(수산화나트륨, 이황화탄소, 황화수소)이 작업자의 건강과 주변 지역 환경에 악영향을 미치기 때문입니다.

불현듯 원진레이온 사태가 떠오릅니다. 삼성전자 백혈병 사태와 함께 대표적인 산업재해로 꼽는 일인데요. 원진레이온이라는 합성섬유 공장에서 일하던 노동자들이 이황화탄소에 집단으로 중독된 사건입니다. 이 회사는 일본 기업 도레이에서 노후화된 기계를 들여와 공장을 운영했는데, 기기에서 누출된 이황화탄소로 약 1,000명의 노동자가 사지 마비 등 심각한 증상을 보였죠. 해당 설비는 1993년 원진레이온 폐업 후 중국에 매각되었는데요. 이것도 참 문제죠. 폐기해야 할 기기를 환경 규제가 약한 나라로 보냈으니까요. 일본에서 한국, 한국에서 중국으로 폭탄 돌리기를 한 셈입니다.

레이온이 친환경이 아닌 이유는 제조 과정의 위험성 외에 또 있습니다. 원료가 식물이니까 산림을 파괴할 수밖에 없잖아요. 캐나다 환경단체 카노피Canopy에 따르면 매년 레이온 섬유 생산에 나무 1억 5000만 그루가 사용된다고 해요. 이만큼을 일렬로 세우면 지구를 일곱 바퀴나 돌 정도죠.

더 심각한 문제는 레이온 섬유용 목재의 절반 정도가 오래되거나 멸종 위기에 처한 숲에서 나왔다는 겁니다. 상황이 이런데도 업계에선 레이온 제품을 재생섬유나 친환경 섬유로 홍보하는데요. 정말 그럴까요?

카노피에서는 매년 레이온 섬유 생산 기업을 대상으로 불법 벌채 목재 사용 여부, 유해 화학물질 사용 여부 등을 평가합니다. 지속가능성이 높으면 녹색이 짙어지고 낮으면 붉어지죠. 2021년에는 26개 업체에 관한 결과가 나와 있는데요. 가장 진한 녹색 평가를 받은 회사는 인

레이온 섬유 생산 기업 대상으로 한 지속가능성 평가(2021년)

지속가능성 평가 상위 4개 업체			지속가능성 평가 하위 4개 업체		
Producer 기업명	Production capacity (%) 생산 점유율	Hot Button Assessment 지속가능성 평가	Producer 기업명	Production capacity (%) 생산 점유율	Hot Button Assessment 지속가능성 평가
Aditya Birla	13.9	👕	Shandang Yamei	3.6	👕
Lenzing	12.6	👕	Weifang Xinlong (formerly: CTHC Helon)	2.4	👕
Kelheim Fibres	1.1	👕	Aoyang Technology	4.0	👕
Tangshan Sanyou	10.4	👕	Silver Hawk	2.9	👕

출처: 카노피 보고서 https://hotbutton.canopyplanet.org

도의 아디티야 비를라Aditya Birla와 오스트리아의 렌징Lenzing, 붉은색 평가를 받은 회사는 샨동야메이Shandong Yamei를 비롯한 중국 업체입니다. 이제 의류 회사들도 어느 회사의 레이온 섬유를 사용했는지 밝혀야 하고 소비자도 꼼꼼히 살펴서 가짜 친환경 섬유를 퇴출해야 합니다.

1930년대에 이르면 나일론 폴리에스터 아크릴 같은 합성섬유 시대가 열립니다. 우리는 대개 플라스틱 하면 합성수지만 떠올리는데 합성섬유나 고무도 석유로 만들어요. 그러니 옷에서 떨어진 섬유 조각이나 타이어 분진도 당연히 미세플라스틱이죠. 합성섬유는 합성수지처럼 분해되지 않는 물질이라 미세플라스틱으로 판단하거든요. 이렇게 미세플라스틱은 '인간이 인위적으로 합성한, 분해되지 않는 작은 물질'로 규정해야 문제를 온전하게 이해할 수 있습니다.

최초의 합성섬유는 미국 듀폰이 발명한 나일론입니다. 듀폰은 화약 회사로 시작해 남북전쟁, 제1차세계대전 등 대규모 전쟁을 거쳐 성장하다 무기 판매로 이익을 내기 어려워지자 사업 다각화를 모색하죠. 그러다 1927년부터 순수과학에 투자하면서 다양한 시도 끝에 1935년 나일론을 개발했고, 1939년에 뉴욕 세계 박람회에서 신소재 '나일론'을 발표합니다. "강철처럼 강하고 거미줄처럼 가늘고 비단보다 좋은 섬유"라고 말이죠. 이듬해에 나일론 스타킹을 판매하는데요. 가격이 실크 스타킹의 2배나 되는데도 출시 첫날 80만 켤레, 그해에만 6400만 켤레가 팔렸다고 합니다.

나일론에 관한 일화 중 빠지지 않는 말이 있습니다. 바로 **계획된 진부화**

Planned Obsolescence인데요. 물건을 만들 때부터 성능을 의도적으로 떨어뜨리거나 소비자들이 제품에 빨리 싫증을 느끼도록 조장하는 것을 의미합니다. 끊임없이 새 제품을 내보내 돈을 벌겠다는 몹쓸 경영학 이론인데 어떤 사례들이 있는지 한번 볼까요.

처음 나온 나일론 스타킹은 자동차 한 대를 끌 수 있을 만큼 굉장히 질겼다고 하는데 듀폰은 못마땅했죠. 스타킹 올이 잘 나가야 제품이 많이 팔릴 텐데 너무 튼튼했으니까요. 경영진은 기술자에게 나일론 줄이 잘 풀리는 스타킹을 만들도록 지시합니다. 듣기만 해도 어처구니없는 일입니다. 전구 생산 업체 피버스 카르텔Phoebus cartel 사례도 대표적인데요. 20년대 중반 유명한 제조업체들이 모여 당시 최대 2,500시간이었던 전구 수명을 1,000시간으로 낮춰 생산하기로 합니다. 샘플을 검사해 제한 시간이 넘는 전구를 만든 회사엔 벌금을 물리기도 하고요.

이런 사례는 들을 때마다 혈압이 오릅니다. 이처럼 고도의 상술로 제품의 질을 낮추는 못된 기업은 서둘러 제지할 필요가 있어요. EU는 2020년 3월 발표한 신순환경제 실행계획에서 계획된 진부화를 금지하겠다고 발표했는데요. 알게 모르게 이를 시행하고 있을 한국 기업도 하루빨리 규제해야 합니다.

나일론 다음으로 등장한 합성섬유는 폴리에스터Polyester로, 나일론에 대적할 섬유를 찾는 과정에서 만들어져 현재 가장 많이 사용되는 대세 섬유입니다. 모직을 대체하는 아크릴섬유도 있는데 이것도 듀폰에서 나왔죠. 그러고 보면 듀폰은 가히 합성섬유의 불명예스러운 명가로 볼 수 있는데요. 기존의 합성섬유도 줄여야 할 마당에 앞으로도 계속 새로운 대체 섬유를 개발하진 않을지 우려됩니다.

미세섬유가 우리를 위협하고 있다

어떤가요. 천연섬유와 합성섬유 모두 자연을 망가뜨릴 뿐 더 나은 쪽은 없다는 사실이 좀 당황스럽죠. 특히 합성섬유는 세탁할 때 떨어져 나오는 섬유 조각 문제가 심각합니다. 자연에 분해되지 않는 이 조각들은 그대로 미세섬유, 즉 미세플라스틱이 되는데 이 문제를 좀 더 자세히 들여다보겠습니다.

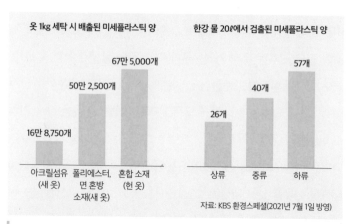

옷 1kg 세탁 시 배출된 미세플라스틱 양

한강 물 20ℓ에서 검출된 미세플라스틱 양

자료: KBS 환경스페셜(2021년 7월 1일 방영)

KBS 환경스페셜팀이 서울시립대에 의뢰하여 조사한 바에 따르면, 옷 1킬로그램을 세탁할 때 미세플라스틱이 17~68만 개 배출된다고 한다.

옷 1킬로그램을 세탁할 때 아크릴섬유는 약 17만 개, 폴리에스터와 면 혼방소재는 50만 개의 미세플라스틱을 내보냅니다. 먼 나라 문제가 아니라 지금 우리가 당면한 문제죠. 서울시립대에서 조사한 결과를 보면, 한강 물 20리터당 미세플라스틱 143개가 검출되었다고 합니다. 엘런 맥아더 재단에 따르면 매년 전 세계 바다로 배출되는 미세플라스틱의 35퍼센트 정도가 섬유 세탁 과정에서 나온다고 해요.

세탁을 통해 바다로 배출되는 미세섬유의 양을 줄이기 위해 프랑스에선 2025년 1월부터 출시되는 세탁기에 미세플라스틱 필터를 의무적으로 부착하는 법을 제정했습니다. 국내에서도 미세플라스틱 저감장치의 법제화를 요구하는 캠페인이 진행되고 있는데요. 근본적인 대책으로는 미흡하지만 세탁기 사용이 불가피하다면 기업들도 조속히 고효율 필터를 개발해야 합니다.

요즘은 옷 입을 때 떨어져 나온 미세섬유가 공기 중에 떠돌면서 호흡기로 들어오는 문제도 제기되고 있는데요. 유엔환경계획 보고서에 따르면 우리가 호흡할 때 마시는 미세플라스틱은 26~130개 정도로 대부분이 섬유 조각들입니다. 가볍지 않은 문제죠.

미세섬유 문제를 해결하려면 합성섬유의 양을 최대한 줄이고 천연섬유를 사용해야 하는데요. 천연섬유만으론 전체 수요를 충당하기 어려우니 소비량 자체를 절대적으로 줄여야 합니다. 모든 것이 결국 소비의 문제로 이어질 수밖에 없어요.

섬유에서 섬유로
닫힌 고리 순환구조를 만들자

이미 주변에는 합성섬유로 만든 옷이 넘쳐나고 언젠가 쓰레기로 나올 텐데, 의류 쓰레기는 어떻게 관리해야 할까요? 보통은 의류 수거함으로 모아지니 재사용이 잘될 거로 생각하지만 안타깝게도 실상은 그렇지 않습니다.

엘런 맥아더 재단 보고서를 보면 2015년 발생한 의류 쓰레기 약 4700만 톤 중 87퍼센트가 쓰레기로 처리되었고 단 13퍼센트만이 재활용되었다고 해요. 그중에서 의류용 섬유로 다시 재활용되는 경우는 1퍼센트에 불과합니다.

이 문제는 다음 두 가지를 충분히 따져봐야 합니다. 친환경 마케팅과 의류 수거함 문제인데요. 먼저 과장된 친환경 마케팅 사례 중 페트병 재생섬유 문제를 살펴보겠습니다.

폴리에스터 섬유 중 재생섬유가 차지하는 비율은 14퍼센트인데요 (2019년 기준). 옷을 만드는 장섬유 중 재생섬유의 비율은 6~7퍼센트 정도입니다. 폴리에스터 재생섬유의 비율은 친환경 열풍을 타고 2008년 8퍼센트에서 10년 만에 14퍼센트로 증가했죠. 현재 폴리에스터 재생섬유는 대부분 페트병을 재활용한 것입니다.

물론 재생섬유 사용은 바람직하지만 간과하면 안 될 문제가 있어요. 의류 쓰레기 처리 문제인데요. 페트병으로 만든 재생섬유 의류가 쓰레기로 버려지면 의류용 섬유로 재활용이 안 되거든요. 사실이 이런데 페트병 재생섬유로 환경 문제가 해결될 것처럼 홍보하면 곤란하잖아요. 대중의 눈을 돌려 패스트패션이 배출하는 쓰레기 문제를 감추는 수단으로 악용되는 거죠. 업체들이 재생섬유를 쓰는 노력은 격려하되 의류 쓰레기를 재활용한 재생섬유를 사용하도록 요청해야 합니다.

일부 글로벌 패션 기업 (파타고니아 H&M 자라 나이키 아디다스)은 2025년부터 2030년 사이에 재생섬유 사용 비율을 100퍼센트까지 높인다고 합니다. BMW 포드 아우디 같은 자동차 업체들도 자동차 내장재로 사용되는 섬유 중 재생 원료 비율을 높이겠다고 발표했고요.

글로벌 섬유업체들은 UN과 함께 '2025 재생 폴리에스터 챌린지The 2025 Recycled Polyester Challenge'를 하고 있는데요. 2025년까지 폴리에스터 중 재생섬유 비율을 45퍼센트까지 늘린다는 취지죠. 그러려면 약 1700만 톤의 재생섬유가 필요할 텐데요. 이 목표를 달성하려면 폴리에스터 섬유를 재활용할 시스템과 기술을 개발해야 합니다. 페트병으로만 원료를 메꾸려고 한다면 식품업계와 섬유업계 사이에 원료 확보 전쟁이 일어날 수 있으니까요.

사실 옷을 의류용 섬유로 재활용하기는 쉽지 않습니다. 옷에는 여러 종류의 섬유가 섞여 있어 어떻게 재질별로 골라낼지가 관건인데요. 차라리 플라스틱이면 손으로 골라낼 수 있지만 옷감은 폴리에스터나 면으로 된 실로 짜여 선별이 어렵죠. 그러니 소재를 확인할 수 있는 것 외엔 재활용이 안 됩니다. 옷을 섬유로 재활용하는 기술도 없어서 그

동안 이 분야에 투자도 없었고요. 의류 쓰레기 문제가 심각해지니 뒤늦게 정부와 패스트패션 업체가 섬유 재활용 기술 개발에 뛰어드는 추세인데요. 좀 더 서둘러야 합니다.

의류 쓰레기 문제를 개선하려면 의류 제품에도 생산자책임재활용제도가 필요합니다. 기술이 뒷받침되지 않는 상황이라면 생산자는 이 분야 개발을 위해 어떤 노력을 할 건지 보여줘야 하고요. 현재 합성섬유는 플라스틱인데도 페트병 등 다른 플라스틱과 달리 생산자가 쓰레기 처리에 아무 책임도 안 지고 있거든요. 폐기물부담금 부과 대상에서도 빠져 있으니 생산자를 규제할 법률이 있어야 해요.

다음으로 의류 수거함 문제입니다. 사실 국내 의류 수거함에 들어간 옷 대부분은 외국으로 가는데요. 중고의류가 연간 약 3000억 원 이상 수출되고 있어요. 한국은 미국, 영국, 독일, 중국 다음으로 세계 5위 수출국입니다. 문제는 저개발국으로 간 중고의류의 절반이 바로 버려진다는 건데요. 결국 쓰레기를 수출하는 셈이죠. 우리나라에서 처리해야할 의류 쓰레기를 재사용을 빙자해 저개발국가로 떠넘기는 겁니다. 의義롭지 못한 형태죠.

최근 한 방송사에서 내보낸 아프리카 가나의 중고의류 실태는 시청자들을 충격에 빠트렸습니다. 선진국에서 수입된 중고의류 절반이 현지 강과 바다에 버려진 모습과 소들이 옷을 먹는 장면이 나왔죠. 얼마 전에는 칠레 사막에 산더미처럼 쌓인 의류 쓰레기가 보도되기도 했고요.

이런 상황은 재사용·재활용의 의미를 되짚어 보게 합니다. 누군가에게 떠넘겨 눈앞에 쓰레기가 안 보인다고 문제가 해결된 건 아니잖아요. 쓰레기의 경로를 끝까지 따라갈 때 전 과정에 문제가 없어야 합니다. 재사용을 하더라도 국내에서 적정한 방식으로 처리하는 방향으로 가야 하고요. 국내에서 처리하기 버거운 양이 나온다면 어떻게든 줄여야 합니다. 재사용도 안 될 옷을 다른 나라로 보내버리면 나중에는 문제의식조차 희미해질 테니까요.

4R
수선하고 Repair **빌려 입고** Rental
되팔고 Resale **다시 만드는** Remake

패스트패션의 환경적 폐해와 미세섬유, 의류 쓰레기 문제를 두루 살펴봤는데요. 어느새 기업의 마케팅 언어가 된 '지구를 위한 옷'은 과연 존재할까요? 지구를 위한 의로운 소비는 가능할까요?

그런 옷은 어디에도 없습니다. 어떻게든 옷을 사는 횟수를 줄이고 오래 입어야 한다는 것밖엔 대안이 없어요. 의류 수명 연장 프로젝트로 옷을 위한 새로운 4R이 필요한 시점입니다. **수선하고**Repair **빌려 입고**Rental **되팔고**Resale **다시 만드는**Remake 거죠. 제로 웨이스트를 위한 3R(줄이고Reduce 재사용하고Reuse 재활용하는Recycling)을 의류에 대입한 것으로 보면 됩니다. 하나씩 차근차근 살펴볼게요.

먼저 **수선하기**. 옷을 고쳐 입는 건 오래된 전통입니다. 패스트패션이

범람하면서 명품 옷이 아니고서야 옷 수선이 구질구질한 일처럼 돼 버렸는데요. 우리가 반드시 회복해야 할 문화입니다. 그러려면 동네마다 수선 가게가 많아져야 할 텐데요. 해외에서는 주요 패션 기업들이 다양한 매뉴얼을 공유하고 있습니다. H&M은 민트케어M.I.N.T Care라는 플랫폼을 열어 '집에서 수선하기do-it-at-home'를 제공하는가 하면, 타미 힐피거는 'Tommy For Life'라는 프로그램을 운영하며 패션 잡화 중 가장 많이 손상되는 부위의 정보를 생산팀에 전달해 디자인 과정에서 내구성이 좋은 제품을 만들어내고 있습니다.

수선하기가 한 사람이 같은 옷을 오래 입는 방법이라면 **빌려 입기**는 옷 한 벌을 여럿이 함께 입는 공유시스템을 만드는 건데요. 공유에는 여러 방식이 있습니다. 패스트패션에 저항하기 위해 옷장 공유 캠페인을 하는 청년들이 말 그대로 서로 옷을 빌려주는 방법도 있고, 대여 대신 교환하는 활동도 있습니다. 다시입다연구소의 **21% 파티**가 좋은 사례인데요. 안 입는 옷을 가져와 다른 옷과 바꾸는 의류 교환 행사죠. 21%는 다시입다연구소가 소비자를 대상으로 한 설문조사 결과로 입지는 않지만 버리지도 못하는, 옷장에 방치한 옷의 비율을 뜻합니다. 파티란 이름은 파티처럼 즐기며 옷을 교환하자는 뜻으로 붙었다고 하고요. 자신이 입던 옷을 떠나보내면서 남이 입던 옷을 새롭게 맞이하는 만남과 이별이 교차하는 장인 거죠. 재미도 있고 의미도 있는 이런 기획이 많아지면 좋겠습니다.

그런가 하면 네덜란드 '피어바이Peerby'처럼 안 쓰는 물건을 사이트에 올려놓고 유료로 대여하는 공유 플랫폼도 있어요. 여기선 의류뿐 아니라 다양한 물건이 거래됩니다. 개인에게 옷을 빌려주는 전용 매장이 많아지는 것도 한 방법인데요. 미국에서는 작은 매장을 넘어 거대 기업으로 성장한 회사가 있습니다. 패션계의 넷플릭스라고 불리는 미국의 의류 대여 업체 '렌트더런웨이Rent The Runway'인데요. 회원 1000만 명이 의류나 침구를 대여하고 있고 연 매출이 1200억 원이라고 합니다. 필요한 옷을 그때그때 편리하게 빌리는 시스템을 만들어 집에 옷장이 필요 없는 세상을 만들겠다는 목표가 인상적입니다.

의류업체가 렌탈 서비스를 하는 사례도 있는데요. 프랑스와 스웨덴에서 활동하는 스타트업 '핵유어클로젯Hack Your Closet', 덴마크에서 시작해 영국과 미국 시장까지 진출한 '가니GANNI'가 대표적입니다. 다만 의류 렌탈 서비스는 잘못하면 오히려 물류 배송에 따른 온실가스 배출이 증가한다는 연구도 있어서 최적의 친환경 모델을 찾기 위한 검토가 필요합니다.

되팔기는 기업이든 개인이든 사용하지 않는 옷을 다시 시장으로 끌어오는 활동인데요. 의류 회사와 유통 매장은 팔고 남은 의류를 소각하는 경우가 많거든요. 입지도 않은 새 옷을 바로 불구덩이로 보내다니 어처구니없는 짓이죠. 버버리는 2017년 향수와 의류 등 재고를 소각한 사실이 드러나 비난을 받고 지금은 재고를 사회단체에 기부하고 있다는데요. 어디 버버리뿐일까요. 드러난 건 빙산의 일각일 겁니다.

한 국내 의류 관계자 말에 따르면 신제품은 출시 후 2년 정도 유통된다고 해요. 백화점에서 팔리지 않으면 할인 시장에 풀리고, 마지막에는 소각 처리하는데 그 양이 약 1퍼센트라고 합니다. 별거 아닌 것 같지만 연간 42조 원(2019년 기준) 규모인 우리나라 패션 잡화 시장의 1퍼센트는 무려 4000억 원입니다.

프랑스는 소각을 법으로 금지했고요. 우리나라도 2021년 12월 순환경제 계획에서 재고 의류 소각을 규제하겠다고 발표했는데요. 재고 의류를 순환시킬 땐 우선순위가 필요합니다. 당연히 재사용이 먼저고 그다음 섬유로 다시 순환시킬 방법을 모색해야 합니다.

요즘은 온라인 중고 거래 시장이 활성화되어 있는데요. 온라인 플랫폼에서 개인 간 거래만으로는 한계가 있어요. 특히 정리할 물건이 대량으로 발생할 때 말이죠. 이사나 집 정리를 하면 버리는 옷이 엄청나게 나옵니다. 헬스장 같은 데서도 1년에 한 번씩 사물함을 정리하는데 몇 번 착용하지 않은 운동화나 운동복이 아주 많다고 하더군요. 이처럼 한꺼번에 많은 양이 나올 땐 전문적으로 중고품을 수집해 선별 후 오프라인 매장에서 판매하는 쪽으로 가야 합니다. 온라인 중고 플랫폼뿐만 아니라 오프라인 매장도 많아져야 하는 이유죠.

아름다운가게나 구세군 회관, 굿윌스토어, 마켓인유 같은 중고 옷 판매처가 있지만 여전히 시장에서 차지하는 비율은 미미합니다. 수도권 기준으로 재사용 매장에 옷을 기부하는 비율은 2퍼센트 내외에 불과해요. 다들 편리성 때문에 의류 수거함을 애용하죠. 인터뷰해 보니 원룸 등에서 자취하는 대학생들은 이도 귀찮다며 대부분 종량제봉투로 버린다더군요.

이처럼 쓰레기로 가는 의류를 십분 활용하려면 의류 기부에 대한 교육과 홍보가 필요합니다. 한편으론 방문 수거 서비스처럼 소비자가 편리하게 기부할 수 있는 공공 시스템도 구축해야 하고요. 서로 다른 분야끼리 협업하는 것도 좋지 않을까요. 영국의 한 의류업체는 자선단체인 옥스팜과 연계 서비스를 진행하는데요. 사람들이 해당 업체 의류를 옥스팜 매장에 기부하면 다음 구매에 사용할 수 있는 포인트를 지급하는 식이죠. 중고의류 기부도 활성화하면서 충성고객도 확보하는 착한 마케팅 전략입니다.

다시 만들기는 업사이클링으로 완전히 새로운 용도로 만들어 사용하는 것입니다. 중고품을 그대로 판매하기보다 새로운 제품으로 탈바꿈하면 가치가 더 높아지니까요. 의류 업사이클링으로 유명한 브랜드는 '래코드RE:CODE'입니다. 2012년 업사이클링 사업을 시작해 벌써 10년이 되어가는데요. 지금은 군대에서 쓰인 텐트나 낙하산, 자동차 에어백과 카시트 같은 소재도 활용한다고 해요. 국내 업사이클링 업체들의 역할로 더 많은 소재가 다시 태어나기를 기대합니다.

지금까지 패스트패션 문제를 해결하기 위한 4R 전략을 살펴봤는데요. 먼저 개개인이 옷장을 열어보고 의류 소비의 문제를 느껴보면 좋겠습니다. 옷장에서 잠자고 있는 옷들을 보면 어떤가요. 숨이 턱 막힐 것 같진 않나요? 우리 옷장도 지구도 좀 더 홀가분해질 필요가 있습니다. 유행에 휩쓸린 관성적인 소비에서 벗어나 인스턴트 문화를 조장하는 기업에 저항하는 활동도 앞으로 많아졌으면 좋겠습니다. 기업들이 바짝 긴장할 수 있게요.

5

음식물 쓰레기

무엇이 문제일까, 어떻게 살릴 수 있을까

인류의 역사는 먹을 것을 둘러싼 투쟁의 연속이었습니다. 우리나라도 봄이 되면 늘 보릿고개를 넘는 것이 큰 숙제였죠. 1970년대까지만 해도 식량이 부족해서 쌀을 아끼자는 전 국민 캠페인이 있을 정도였으니까요. 그 일환으로 학교에서 도시락밥에 보리가 섞였는지 검사하고, 식당에서 사용하는 밥그릇을 작게 만들기도 했습니다.

시간이 흐른 지금은 넘쳐나는 음식이 골칫덩이가 되었습니다. 생존보다는 건강을 위한 식품을 고를 만큼 먹을거리가 넉넉한 시대를 살고 있는데요. 그래서인지 옷뿐만 아니라 먹는 것도 참 많이 버립니다. 버리는 게 많아질수록 지구는 열을 받을 수밖에 없죠.

음식 문제는 밥상을 넘어 기후 위기로 연결되어 있습니다. 먹는 데서 끝내지 말고 처리 과정까지 관심을 둬야 하는데요. 우리의 시각을 좀 더 넓혀야 할 때죠. 무엇을 먹고 어떻게 버리는지가 인간뿐 아니라 지구 생태계의 건강까지 결정하기 때문입니다.

식량 문제와 환경은 불가분한 관계다

유엔식량농업기구FAO에 따르면 전 세계 식품 생산량의 3분의 1이 생산·소비 과정에서 버려진다고 합니다. 여기에 수확 전후로 폐기된 농산물을 더하면 전체의 40퍼센트에 이른다는 세계자연기금의 2021년도 연구 결과도 있고요. 이 과정에서 어마어마한 온실가스가 배출되죠. 식량 낭비는 기후 위기를 심화하고 기후 위기는 식량 생산의 감소로 이어지는 죽음의 고리가 만들어집니다. 기후 위기로 인해 가뭄과 홍수가 잦아지면 농업 기반이 파괴될 테니까요.

우리나라는 어떨까요? 한국은 곡물 수입국 세계 7위로 자급률이 21퍼센트에 불과합니다. 해마다 엄청난 양의 곡물을 수입하고 있는데요. 먼 길을 건너온 곡물도 예외 없이 쓰레기로 버려지고 있습니다. 매년 발생하는 음식물 쓰레기는 580만 톤에 이르고 유통 및 가공 중 버려지는 경우를 포함하면 약 770만 톤으로 25톤 트럭 31만 대 분량입니다. 심지어 지난 10년 동안 양이 무려 20퍼센트나 증가했으니 연간 식품 소비량의 4분의 1이 쓰레기로 버려진 거죠.

이렇듯 음식물 쓰레기 문제는 식량 낭비와 직결되는데요. 어떻게든 식품 소비가 환경에 미치는 영향을 줄여야 합니다. 그러기 위해선 고기에 한없이 끌리는 식습관을 바꾸고 버려지는 식품을 재활용하는 방안을 찾아야 하고요.

세계자원연구소World Resources Institute는 2050년에 인구가 2010년 대비 10억 증가한다면 식량이 56퍼센트 늘어야 하는데, 그러려면 인도 2배 크기의 농경지가 더 필요하다고 전망합니다. 매년 소비될 식량이 늘어나니 숲을 개척해 농경지를 확대할 수밖에 없다는 건데요. 숲을 늘려 탄소 흡수를 계속 늘려야 할 판에 현실은 어떤가요? 거꾸로 가고 있죠.

브라질에서는 소를 키울 목초지와 콩을 심을 농경지를 확보하기 위해 반세기 동안 아마존 나무의 20퍼센트가 잘려 나갔다고 합니다. 팜유 생산으로 줄어들고 있는 인도네시아 밀림은 또 어떤가요? 밥도 중요 하지만 우리 미래를 생각하면 숲이 이대로 사라지는 것을 방치할 수 없습니다.

옥스퍼드 대학에서 지속 가능한 식품 생산과 소비를 연구하는 조셉 푸어Joseph Poore 교수는 2018년 『사이언스』에 음식으로 인한 온실 가스양이 무려 전 세계 온실가스 배출량의 26퍼센트라고 밝힙니다. 2019년 기준으로는 31퍼센트로 집계된다는 유엔식량농업기구의 보고서도 있고요.

식품 중 온실가스 문제가 가장 심각한 분야는 축산입니다. 거주할 수 있는 전 세계 토지의 절반은 농지고, 이 중 77퍼센트가 축산용으로 사용되는데 우리는 섭취하는 영양분의 단 18퍼센트만을 고기와 유제품 에서 얻습니다. 토지 가성비가 최악인 거죠. 식량 생산을 위해 숲을 밀 게 아니라 고기 소비를 줄이는 게 낫다는 말입니다. 그뿐만 아니라 온실가스도 가성비가 최악인데요. 단백질 100g을 기준으로 소고기는 105킬로그램, 두부는 3.5킬로그램의 온실가스를 배출하거든요. 소고기가 콩에 비해 30배나 많은 온실가스를 배출한다는 뜻입니다.

축산 분야는 자동차나 비행기 등 교통 분야 온실가스 배출량과 맞먹는다고 합니다. 특히 소나 양 같은 가축이 트림과 방귀로 배출하는 메탄이 문제인데요. 메탄은 온실효과를 일으키는 힘이 이산화탄소보다 28배나 높거든요. 미국에서 큰 소 한 마리가 1년에 배출하는 메탄가스가 64킬로그램 정도니, 해마다 전 세계의 소 15억 마리가 배출하는 이산화탄소는 20억 톤이 훨씬 넘어요.

다가올 식량 위기와 기후 위기를 생각하면 고기는 줄일 필요가 있습니다. 푸어 교수는 이 연구를 시작하면서 채식주의자가 되었다는데요. 우리도 채식까진 아니더라도 소고기를 조금 덜 소비해야 할 시점에 와 있습니다.

음식물 쓰레기 분리배출 : 지금보다 더 위대하게

국내 음식물 쓰레기 상황으로 넘어가 보겠습니다. 첫 타자로 음식물 쓰레기의 현황과 관리 체계가 만들어진 배경을 알아볼게요. 긴 이야기지만 지루하더라도 잘 따라와 주세요.

한국은 음식물 쓰레기의 약 90퍼센트가 분리배출되고 있습니다(2020년 기준). 사실 굉장한 수치죠. 우리처럼 모든 지역이 음식물을 일반 쓰레기와 분리해 따로 관리하는 체계를 가진 나라는 없어요. 한국 요리 특성상 국물이 많아 관리하기가 더 어렵거든요. 해외에서 우리나라 사례에 놀라는 이유가 있죠.

많은 나라에서 음식물 쓰레기 매립을 막고 퇴비화에 힘쓰고 있지만 모든 가정에서 나오는 음식 쓰레기를 관리하는 체계는 구축하지 못한 상황인데요. 그나마 일부 지자체별로 퇴비화 프로그램을 운영하거나 일반 쓰레기와 같이 혼합 수거한 후 처리 공정에서 분리해 재활용하는 수준이죠.

반면 우리나라 음식물 쓰레기 분리배출 및 재활용 체계는 '외형상으론' 대단한 시스템입니다. 문제가 없진 않아도 보기엔 완벽한 수준이죠. 우리나라 음식물 재활용 체계는 흥미롭게도 1995년 쓰레기 종량제의 연쇄작용으로 인한 결과인데요. 재활용품 분리배출이 음식 쓰레기 분리배출을 끌어낸 것입니다.

1995년 종량제 시행으로 재활용품이 분리배출되면서 매립량이 줄어드는데요(대형 소각시설은 1990년대 후반부터 가동했으므로 당시 종량제봉투는 대부분 매립됨). 이 자체는 좋은 현상인데 문제는 종량제봉투 속 음식물 쓰레기 비율이 상대적으로 높아진 겁니다. 이전에는 재활용품에 가려드러나지 않던 음식물 쓰레기 문제가 불거진 거죠. 매립지로 가는 청소차에서 썩은 물이 줄줄 새어 나오고 악취가 매립지 주변을 덮치게 되었으니까요.

특히 수도권 전역의 쓰레기가 몰린 수도권매립지 인근이 문제가 심각했고 그 지역 주민들 분노가 커지면서 1996년 수도권매립지 음식물 쓰레기 반입이 제한됩니다. 급기야 1997년에 「폐기물관리법」이 개정되어 2005년 1월 1일부터 도시지역에서 발생한 음식물 쓰레기의 매립이 금지(농촌지역은 제외)되기에 이르렀죠.

즉 준비 기간을 주고 음식물 쓰레기를 따로 처리하라는 내용이었는데요. 소각하는 방법도 있긴 했지만 소각장 주변 주민들도 쓰레기 반입을 거부했기에 남은 선택지는 재활용뿐이었습니다. 1997년 말 외환위기 사태로 인한 영향도 있고요. 재활용 사업으로 일자리를 만들어내야 할 분위기가 조성된 거죠.

1998년부터 서울시는 본격적으로 음식물 쓰레기 재활용 시범 사업을 시작하는데, 대도시부터 단계적으로 재활용 체계가 만들어집니다. 초반에는 음식물로 가축 사료를 만들자는 흐름이 대세였어요. 남은 음식물로 가축을 키운 경험과 수입품에 의존하던 사료를 대체해 외화를 절약하자는 시대적 요구가 맞물린 결과인데요.

그러다 1999년 경기도 포천의 한 농장에서 음식 쓰레기로 만든 사료를 먹은 소가 집단 폐사하는 사건이 터졌죠. 당시 유럽에서도 광우병 문제가 심각해지면서 사료화에 문제의식이 생기고 퇴비화 시설을 확대하는 방향으로 바뀌게 됩니다. 이미 운영되고 있던 민간 사료화 시설은 어쩔 수 없으니 놔두고 지자체 재활용 시설을 퇴비화 시설 중심으로 설치하게 돼요.

수분이 많은 우리나라 음식물 쓰레기는 대략 85퍼센트가 물이고 15

퍼센트 정도가 건더기인데요. 이 때문에 사료나 퇴비로 만들 때 시간과 비용이 많이 들죠. 발효과정에서 수분이 증발하긴 해도 대량을 퇴비화하려면 부지가 엄청나게 넓어야 하거든요. 인위적으로 말리는 방법도 있지만 엄청난 에너지가 들고요. 이에 따라 음식물 쓰레기의 수분을 기계적으로 짜내고 건더기만 추출하게 되는데요. 여기서 나온 폐수('음폐수'라고 함)는 또 어떻게 처리할지 문제죠. 폐수 처리가 안 되면 전체 재활용 시스템이 멈출 수도 있으니까요.

2005년 음식물 쓰레기 매립금지법 시행을 앞두고는 자칫 쓰레기 대란이 터질 만한 상황이었습니다. 지금 생각하면 차라리 법 시행을 미루는 게 낫지 않았나 싶기도 한데요. 당시에는 정책 후퇴로 비춰져 누구도 시행 시기를 늦추자는 말을 꺼내기 어려웠습니다. 그렇게 음폐수를 바다에 버리는 것이 허용됩니다. 2004년의 일이죠. 오염물질을 합법적으로 바다에 투기할 길을 열어준 셈인데요. 이 조치는 음식물 쓰레기 자원화 수준을 10년 이상 후퇴시킨 안타까운 일이라고 봅니다.

선진국에서는 금지하거나 축소하고 있던 행위를 오히려 허용하면서 바다는 더 오염되고 음식물 쓰레기 재활용 시장은 엉망진창이 되어버렸습니다. 폐수로 버리는 비용이 저렴한 탓에 편법(음식물을 폐수로 둔갑시켜 버림)을 쓰는 업체가 재활용 시장을 장악하고, 올바르게 운영하는 업체가 말라 죽는 구조가 되었고요.

왜 그럴까요? 지자체는 음식물 쓰레기 재활용을 민간에 위탁하는데 아무래도 처리 비용을 낮게 부르는 업체가 일을 맡게 되거든요. 편법으로 싸게 처리하니 저비용을 찾는 지자체와 쉽게 계약하게 되죠. 좋은 사료나 퇴비를 내기 위해 기술과 시설 투자를 많이 한 업체보다 편법에 능한 업체가 잘나가는 상황이 된 겁니다. 음폐수 해양배출은 2013년이 되어서야 금지되었죠. 금지되기까지 8년은 잃어버린 시간이 되었습니다.

그 직전인 2012년 말에는 어처구니없는 일도 생겼는데요. 디스포저(오물분쇄기)가 조건부로 허용된 겁니다. 하수도법상 사용 금지였는데 이명박 전 대통령이 대선 공약으로 내건 디스포저 허용 조처가 이뤄진 거죠. 다만 갈아낸 음식물을 몽땅 하수구로 넣으면 문제가 되니 건더기의 80퍼센트만 걸러서 쓰레기로 배출하고 20퍼센트 미만은 하수구로 내보내는 기준을 정합니다.

그런데 생각해 보세요. 우리는 음식물 쓰레기를 편하게 버리고 싶어서 디스포저를 설치하죠. 그런데 건더기를 따로 건져 버려야 한다면 설치한 보람이 없잖아요. 그러다 보니 제대로 기준을 지킨 제품이 아니라 음식물을 거르는 장치가 없는 불법 제품이 판치게 됩니다.

2018년 한국소비자원은 디스포저 판매 사이트를 조사하기 시작하는데요. 판매처 4,659곳 중 430곳에서 불법 제품이 적발됩니다. 사실 이처럼 대놓고 불법 제품을 판매하는 건 빙산의 일각이라고 봅니다. 정상 제품도 싱크대에 설치할 때 살짝 개조할 수 있거든요. 음식물 쓰레기를 갈아서 바로 하수구로 내려보내는 방식으로요.

문제는 싱크대 밑에 이런 제품을 설치하더라도 해당 가정을 방문해서 확인하기 어렵다는 거죠. 해외 직구로 불법 제품을 설치하는 경우도 있고요. 주변에도 디스포저를 쓰는 분들이 있는데 불법인 줄도 모르고 심지어 편리하다며 자랑합니다.

디스포저는 2020년까지 8년간 18만 대가 판매되었는데요. 환경부에 공식 보고된 판매량이 이만큼이니 보고에 빠진 것과 불법 제품을 포함하면 실판매량은 훨씬 많을 겁니다. 특히 2019년 이후 급증하는 흐름으로, 홈쇼핑은 유명인을 내세워 마케팅하고, 건설사들은 신축 아파트에 붙박이로 설치하고는 고급 아파트라며 포장합니다.

연도 총계	2013	2014	2015	2016	2017	2018	2019	2020
180,688	849	7,510	15,070	11,943	4,558	9,657	60,915	70,186

출처: 환경부

그런가 하면 디스포저를 옹호하는 전문가도 많습니다. 음식물 쓰레기를 편리하게 버릴 수 있어야 한다는 인식도 만연하고요. 아파트 지하에서 하수를 모은 후 찌꺼기를 분리하면 하수 처리에 부담이 없다거나 하수구로 음식물을 보낸 후 하수처리장에서 모아 재활용하는 방향을 친환경적 대안으로 제시하기도 하죠. 언뜻 합리적인 이야기로 들리지만 상황은 그리 단순하지 않습니다.

환경부는 2008년부터 디스포저에 관한 여러 실험을 해왔는데요. 음식물이 섞인 하수에서 건더기를 20퍼센트 미만으로 분리하는 건 현재 기술로 어렵다고 합니다. 아직까지는 하수에서 음식물 건더기를 분리하자는 제안은 현실성이 떨어진다는 거죠.

음식물을 모두 하수도로 버리면 하수 처리 부담이 감당할 수 없을 지경에 이릅니다. 하수처리장 오염 부하(폐수에 포함된 오염물질의 양)는 디스포저를 설치한 아파트에서 건더기를 20퍼센트 미만 배출할 때 12퍼센트, 전량 내보낼 때 27.3퍼센트로 증가하거든요. 이것을 제대로 처리할 수 있을까요?

현재 시설 용량으로는 하수 처리를 제대로 할 수 없고 용량을 증설해야 하는데요. 엄청난 비용은 별개로 치더라도 제때 증설하지 못하면 하수 처리가 안 되어 화장실 변기를 못 내리는 상황이 닥칠 수도 있습니다.

디스포저야말로 자기 이익을 위해 공동체에 해를 끼치는 장치라고 봅니다. 설치한 가정에서는 편할지 몰라도 다른 사람들은 피해를 보니까요. 형평성에도 어긋나고요. 음식물을 내려보내면 하수 처리 비용이 증가할 텐데 디스포저를 설치한 집이 처리비를 더 낼 것도 아니잖아요. 게다가 아파트 배관에도 당연히 영향을 줄 텐데, 아파트처럼 여러 가구가 밀집한 공간에서 배관 문제가 생기면 아래층 가구 전체가 영향을 받죠.

2019년 한 온라인 커뮤니티에 입주한 지 1년 된 아파트 주방 싱크대에서 오수가 솟아 거실까지 흘러넘쳤다는 글이 올라왔는데요. 3층 거주민이 설치한 디스포저가 원인이었다고 합니다. 디스포저 업체는 규정대로 사용하면 문제없다고 하지만 실제로 배관 막힘 현상을 막기는 어렵습니다. 당장은 몰라도 시간이 흘러 배관이나 하수도에 음식물이 계속 누적될 때 어떤 문제가 발생할지는 아무도 몰라요.

더욱이 디스포저를 쓰다 보면 쓰레기 문제의 심각성도 못 느끼게 됩니다. 금세 싱크대 아래로 사라져 버리니 음식물 쓰레기를 줄일 생각도 안 하게 되죠. 자원으로 이용할 방안도 고민하지 않게 될 거고요. 우리 편하자고 지구를 갈아버리는 거나 마찬가지라고 봅니다. 물로 내려보내는 건 화장실 변기만으로 충분해요. 수세식 변기도 생태적이지 않은데 음식물 쓰레기까지 흘려보내자는 발상이라니, 생태계가 얼마나 더 망가져야 할까요.

디스포저는 법으로 금지해야 합니다. 기존의 디스포저가 불법이라는 사실을 알리고 정부가 나서서 사용을 중단시켜야 해요. 건설사가 불법 기기를 설치하는 것도 강력하게 단속하고요. 2021년 5월 국회에서 디스포저 사용을 금지하는 하수도법 개정안이 발의되었는데 하루빨리 통과되어야 합니다.

이처럼 디스포저가 계속 언급되는 건 음식물 쓰레기 분리배출이 그만큼 불편하기 때문인데요. 환경을 생각하면 그 정도는 감수한다지만 내놓은 음식물 쓰레기가 제대로 재활용도 안 된다니 짜증이 나죠. 그래도 어떻게 버려야 할지 고민의 끈을 놓지 말아야 합니다.

우리는 1995년에는 재활용품을, 2005년에는 음식물 쓰레기를 일반 쓰레기와 따로 분리하기 시작했습니다. 시대가 변한 만큼 눈높이를 더 높여야 하지 않을까요. 음식물 쓰레기도 순환경제 흐름에 따라 바뀌어야 합니다.

버리기 전에 줄이고 버린 만큼 돈 내자

지금보다 한 단계 더 나아가려면 어떻게 해야 할까요? 재활용해서 퇴비 등으로 순환하는 것도 필요하지만 무엇보다 음식물 쓰레기부터 줄여야 합니다. 순환경제로 가기 위한 불변의 원칙이죠. 귀에 딱지가 앉을 만큼 강조해도 모자랄 지경입니다.

음식물 쓰레기를 줄이려면 수확에서 판매 단계까지 모두 포괄한 대책이 필요한데요. 상품 가치가 떨어진다는 이유로 산지나 도매시장에서 폐기되거나 공장에서 불량과 반품으로 대다수가 쓰레기로 처리되는 상황이거든요. 먹을 수 있는 식품이 더는 버려지지 않아야 합니다. 어떤 대책이 필요할까요?

무엇보다 먼저 생산자에 대한 강력한 규제가 필요합니다. '규제'를 기본값으로 정해야 하죠. 우리는 식품 회사나 유통 매장이 남은 음식을 어떻게 처리하는지 잘 몰라요. 일정 규모 이상인 업체 대상으로 팔리지 않은 양과 처리한 방식에 관한 실적을 보고하게 하고, 버리기 전에 다시 식품으로 이용하거나 재활용 계획을 세우도록 법적 의무를 부여해야 합니다.

얼마 전 한 식품 회사가 논산의 한 마을에 폐기 식품 1,800톤을 불법투기한 일이 밝혀졌는데요. 너무나 기막힌 일이죠. 이전에는 비슷한 일이 없었을까요? 앞으로는 발생하지 않을까요?

기업 차원의 경영은 투명해야 합니다. 보이지 않는 데서 무참히 벌어지는 일들을 막으려면 일단 눈에 보여야 하고요. 문제가 양지로 나오면 조심하게 되고 잘못을 검토하게 될 테니까요.

그동안 유통기한 표시제로 인한 낭비 문제도 심각했는데요. 다행히 2021년 「식품 등의 표시·광고에 관한 법률」이 개정되어 2023년부터 소비기한 표시로 바꾸었습니다(낙농업계 반발에 밀려 우유만 2031년 시행으로 연기되어 아쉽기는 하지만요). 소비기한으로 바뀌면 유통기한 표시제로 버려지는 양이 크게 줄어들 겁니다. 유통기한은 식품이 최적의 상태로 유통된다는 기간이고, 소비기한은 식품을 먹을 수 있는 기한을 뜻하는데요. 유통기한이 훨씬 짧은 탓에 먹을 수 있는 음식도 버리게 되죠. 예를 들어 유통기한이 10일인 우유의 소비기한은 60일이거든요.

그렇다면 이제, 소비기한이 임박한 식품의 폐기 문제가 남는데요. 이 문제는 어떻게 해결할까요? 이 분야는 프랑스가 가장 앞서 있습니다. 2016년 2월 「식품 폐기물 방지법」을 제정하고 400㎡ 이상인 식품 매장은 소비할 수 있는 식품을 의무적으로 기부하게 하거든요.

2020년 10월에는 「순환경제를 위한 폐기물 방지법」 제정으로 식품 유통업체 및 집단 급식소가 2025년까지 2015년 대비 식품 폐기량을 50퍼센트 감량하게 하고, 매출이 5000만 유로 넘는 도매업자도 기부하게끔 의무를 부과합니다. 유통 매장이 식품을 폐기하는 경우 회계 연도 매출의 0.1퍼센트에 해당하는 벌금을 매기도록 하는데요. 우리나라도 식품 업체가 함부로 식품을 버리지 않도록 확실한 규제를 도입해야 합니다.

1990년 오스트리아에서 시작된 **사회적 슈퍼마켓**Social Supermarket이 좋은 사례인데요. 판매 가치는 낮지만 먹을 수 있는 식품을 기업에서 받아 무상 혹은 저렴한 가격으로 저소득층에 내놓는 전문 매장입니다. 빈곤층 밀집 지역에 개설되는데 정부에서 생계 보조를 받는 저소득층만 이용할 수 있어요. 이런 사회적 슈퍼마켓이 유럽 전역에 1,000여 곳 있습니다.

우리나라에도 '어글리어스 마켓' '프레시어글리' 같은 상품 가치가 떨어진 못난이 채소만 유통하는 매장이 있고, '라스트오더'처럼 유통기한 임박 식품을 싸게 판매하는 플랫폼이 있는데요. 앞으로 더 활성화되고 널리 알려지려면 기업 규제를 강화하는 조치가 더더욱 필요합니다.

다음으로 음식점이나 급식소에서는 음식물 쓰레기를 어떻게 줄일지 살펴보겠습니다. 「폐기물관리법」에는 대형 음식점이나 급식소가 음식물 쓰레기 감량 계획을 지자체에 제출하도록 하는 조항이 있는데요. 실제론 형식적으로 운영되고 있습니다. 업체들이 그냥 자기 돈 내고 음식물을 처리하라는 식으로요. 감량의 의미가 실제 음식 폐기물이 줄어드는 게 아닌 지자체가 담당할 쓰레기가 줄어든다는 뜻으로 변질된 거죠.

이 제도가 원래 취지대로 운영될 수 있게 제도를 재정비해야 합니다. 우선 사업장 규모를 세분화해서 상위 급식소나 식당, 농수산물 도매 시장을 특별 대상으로 지정하고 집중적으로 관리해야겠죠. 각자가 음식물을 줄이는 노력을 하도록 말입니다.

예를 들어 주문식단제가 있어요. 식당에서는 특히 반찬 때문에 음식물 쓰레기가 많이 나오는데, 메뉴를 주문하면 따라오는 기본 반찬이 주원인입니다. 이런 문화부터 바뀌어야 해요. 반찬별로 가격을 매겨서 먹고 싶은 찬을 선택하는 방식이 합리적이죠. 주문식단제는 오래전부터 음식 쓰레기를 줄이는 효과가 크다고 알려졌지만, 반찬을 종류별로 판매하기 번거로워하는 식당이 많아서 여전히 적용은 안 되고 있습니다.

하지만 이제는 기술적으로 접근하는 방식이 생겼습니다. 우리는 이미 앱으로 음식을 시킬 때 반찬을 종류별로 선택 구매하는 방법을 시행하고 있죠. 그렇다면 오프라인 음식점에서도 얼마든지 적용할 방법이 있을 텐데요. 문제는 굳이 식당에서 소비자 항의를 각오하며 시도하지는 않을 거라는 데 있습니다. 음식물을 줄이라는 강한 압박이 들어와야 뭐든 시작할 생각을 하겠죠.

그 외 다른 방법이 없는 건 아닙니다. 음식물을 남기지 않는 손님에게 100원을 적립해 기부할 수 있는 서비스를 제공한 음식점도 있고요. 식사량에 따라 밥을 반 공기만 주문하면 가격을 깎아주는 사례도 있었죠. 한 이동통신사는 인공지능 기술로 퇴식구에서 이용객들이 버리는 음식물 종류를 실시간으로 분석해 알려주는 서비스를 개발했는데요. 이런 빅데이터가 쌓이면 낭비 없는 식단이 완성되겠죠. 음식 폐기물을 줄이라는 메시지가 사회 전반에 강하게 요구되면 다양한 방법이 개발될 겁니다. 몇몇 집단의 반발이 껄끄러워 가만히 있으면 계속 제자리를 맴돌게 될 거예요.

가정에서 나오는 음식물 쓰레기도 만만치 않습니다. 먼저 정부 정책부터 볼까요. 음식물 쓰레기 감량의 핵심 정책은 바로 종량제입니다. 종량제 시행은 1995년이고 음식물 분리배출은 2005년 시작되니 음식물 쓰레기 종량제는 당연한 걸로 생각할 텐데요. 모든 지역에서 음식물 쓰레기 종량제가 전면 시행된 건 2013년입니다. 뭔가 좀 이상하죠?

원인은 아파트였습니다. 2005년 분리배출이 시작될 때 아파트는 음식물 쓰레기 수수료가 대부분 정액제(예: 세대당 월 1,000원)였거든요. 버리는 양에 관계없이 수수료를 부과하니 당연히 감량되지 않았겠죠. 보완책으로 2008년 음식물 쓰레기 종량제가 시행되었고 2013년 전국 아파트로 확대되었습니다.

버린 만큼 돈을 내는 방법으론 몇 가지가 있는데요. 종량제봉투나 전용 용기를 사용하거나 RFID 장비로 무게를 측정하는 방법입니다. 제가 사는 아파트는 RFID 장비 방식인데요. 센서에 카드를 대면 자동으로 뚜껑이 열리고 밑에 설치된 저울이 통 안의 쓰레기 무게를 재면 지자체로 정보가 전송됩니다(킬로그램당 100원으로 월 관리비에 청구됨).

RFID 장비는 음식물 쓰레기 양을 알 수 있고 자동식 뚜껑이라 편리하고 위생적이라는 장점이 있죠. 다만 대당 1500만 원 정도인 장비를 100세대당 하나씩 설치해야 하는데, 지자체 비용이 많이 들어가는 문제여서 전국적으로 빠르게 보급되지는 못하고 있습니다.

요즘 일부 아파트에서는 무게 측정 장비가 있는 음식물 쓰레기 전용 배관을 건물에 따로 설치해 집 안 투입구로 배출하되 버린 만큼 수수료를 내는 방식이 있어요. 디스포저와 RFID 기기의 이점을 합친 거죠. 지하에 모인 쓰레기는 재활용업체로 보내 재활용도 가능합니다. 초기 비용이 많이 들긴 하나 배출자가 부담할 수만 있다면 디스포저의 장점을 살리면서 문제를 해결할 수 있습니다.

한편 종량제봉투로 버리는 경우는 크게 두 가지 문제가 있어요. 하나는 **수수료가 낮아 감량 효과가 생각보다 높지 않다**는 점입니다. 대개 처리비용으로 드는 돈이 1,000~2,000원 사이인데요. 이 돈 아끼자고 쓰레기를 줄이진 않을 겁니다. 주민들이 체감할 정도의 비용이라면 지금보다 100배는 올려서 10만 원대 정도는 돼야 할 텐데요. 가격을 올리기도 어렵지만 음식물 쓰레기를 일반 쓰레기봉투에 버리는 풍선효과로 이어질 우려도 있습니다.

다른 하나는 **봉투 사용**인데요. 종량제봉투 자체가 음식물 재활용을 방해하는 이물질이거든요. 음식물에 비닐을 섞지 말라고 해놓고 정작 지자체가 종량제봉투를 쓰라고 하면 모순이잖아요. 아이러니하게도 음식물 쓰레기 종량제가 확대된 이후 종량제봉투 사용은 오히려 증가합니다. 2012년 1억 9000만 장, 2021년에는 무려 3억 8000만 장이 사용되었는데요. 아파트 지역도 종량제를 시행해야 하니 비용이 많이 들어가는 RFID 장비 대신 비닐봉지 방식을 도입했기 때문입니다. 지방에서는 주로 전용 통에 담아 배출하는데 수도권에서는 비닐봉지를 계속 고집하고 있어 문제죠(전체의 84퍼센트가 사용되고 있음). 음식물 쓰레기용 종량제봉투는 법적으로 금지해야 합니다.

그렇다면 종량제의 장점을 살려 감량효과를 높일 방법은 없을까요?

있습니다. 소비자가 전기 사용을 줄이면 포인트를 주는 에코 마일리지 제도를 따라 해보는 겁니다. RFID로 음식물 쓰레기 배출량을 관리할 수 있다면 음식물 쓰레기 대상으로 마일리지 제도를 시행할 수 있겠죠. 그러려면 주민들의 자발적 참여를 끌어낼 캠페인이 필요할 텐데요. 어느 지자체에선 쓰레기를 크게 감량한 아파트를 선정해 상을 주기도 하더군요. 이처럼 집단적 노력을 끌어내는 접근 방식이 바람직합니다.

쓰레기 문제만큼은 지자체가 챙겨야 할 일이 꽤 많은데요. 정보 공유 모임이나 교육을 체계적으로 진행하면 좋겠습니다. 요리에 일가견이 있는 시민 전문가들을 지원해서 잔반을 새로운 음식으로 변신시키는 요리 강좌를 열어도 좋고요.

집에서는 물기를 제거하는 배수구용 '짤순이' 같은 도구로 물기만 잘 제거해도 배출량은 줄고 재활용 과정에도 도움이 됩니다. 그 밖에 대형 냉장고를 권하는 문화도 문제인데요. 커다란 냉장고를 채우다 보면 안쪽에 장기 보관하는 음식이 많아져 결국 버리게 되죠. 집 근처에 마트와 편의점이 넘쳐나는 나라에서 음식물을 한가득 보관할 거대 냉장고가 과연 필요할까요? 각자의 라이프스타일에 알맞는 크기를 고를 때입니다.

음식물 쓰레기도 업사이클링이 필요하다

어찌저찌 음식물을 줄이고 나면 재활용을 고민할 차례가 옵니다. 순환경제의 핵심은 가치 있는 재활용, 즉 업사이클링이라고 했잖아요. 이 관점으로 음식물 쓰레기를 풀어보겠습니다. 외국에서는 이미 푸드 업사이클링에 관심도가 높은데요. 특히 2021년 미국에서 식품 업사이클링협회Upcycled Food Association가 설립되는 등 활동이 활발합니다. 두부 공장에서 나온 식물 찌꺼기로 쿠키나 에너지바를, 상품 가치가 없어진 바나나로 칩을 만드는 식으로요.

채식 인구가 늘고 있는 요즘, 식품 공장에서 나오는 식물성 부산물을 이용한 비건 식품 시장은 더 커질 전망입니다. 식품 업사이클링은 만들 때부터 버려지는 것 없이 최대한 활용하자는 의미도 내포하는데요. 인간의 물질 이용 방식을 바꾸자는 순환경제의 가치와 너무나 잘 부합하지 않나요.

몇 가지 사례를 보겠습니다. 초콜릿을 만들 때 카카오 열매의 30퍼센트 정도만 쓰고 70퍼센트는 버려지거든요. 이런 부산물을 종이 원료로 사용하는 예인데요. 국내의 한 제과 회사는 카카오 부산물이 섞인 종이로 과자 포장재를 만듭니다. 물론 이렇게 이용하는 것보다 카카오 열매를 100퍼센트 활용한 식품을 만드는 편이 훨씬 낫지만요. 커피도 마찬가지예요. 커피콩의 단 0.2퍼센트만이 커피로 추출되고 나머지는 찌꺼기로 남는데요. 커피나무를 재배하는 데 드는 물과 에너지를 생각하면 엄청난 낭비입니다. 커피콩을 100퍼센트 활용한 식품을 만들거나 커피 찌꺼기를 다른 식품으로 활용할 방안을 찾는 것도 업사이클링이 되겠죠.

여기서 잠깐, 사람이 먹는 식품으로 쓸 수 없을 때 동물 사료를 떠올리는 분들도 있을 텐데요. 사료화는 조심스럽게 접근해야 합니다. 식품 공장에서 나오는 부산물이나 유통기한으로 폐기되는 마트 식품처럼 비교적 안전한 음식물을 재료로 써야 합니다. 기업들은 먹을 수 있는 식품을 몰래 버리지 말고 활용 방안의 하나로 가축 사료를 꼭 고려해 주길 바랍니다. 사료만 전문으로 만드는 사회적 기업을 지원하거나 새로 만드는 방법도 있는데요. 다들 말로만 ESG를 강조하면서 정작 필요한 분야에는 제대로 지원을 안 하고 있습니다.

마지막으로 퇴비화 방식을 알아볼게요. 퇴비화는 크게 두 가지로 집에서 나온 음식물 쓰레기를 개인이 이용하거나 전문 퇴비 시설로 보내는 방식이 있습니다. 전자가 훨씬 환경친화적인 방법인데요. 퇴비 시설로 보내려면 이동 문제도 있고 시설에서 폐수를 빼고 남은 건더기를 처리하는 데까지 품이 들거든요. 그 자체로 의미는 있지만 퇴비로 만드는 과정에 너무 많은 에너지가 듭니다.

어쨌든 음식 폐기물이 배출된 곳에서 퇴비화를 진행하는 것이 더 경제적이죠. 발효 상자를 이용해 퇴비를 만든 후 집 근처나 옥상 텃밭에서 채소 비료로 쓰는 방법이 대표적인데요. 요즘 환경에 관심이 많은 분들 사이에선 음식물 쓰레기로 채소 키우기가 유행입니다. 비료 만드는 과정이 귀찮을 법한데 오히려 너무 재밌다고 하고요. 한 친구는 집도 모자라 회사 옥상까지 텃밭으로 가꾸더군요.

직접 만든 퇴비로 채소를 키울 지원자를 찾는 서울환경운동연합의 프로그램 '음싹'도 있습니다. 음식물로 싹을 틔우자는 뜻인데요. 모집 인원이 찰지 내심 걱정하던 활동가들은 정원인 500명 이상이 몰리자 놀랐다고 합니다. 그만큼 시민들의 관심이 높았던 거죠. 이런 활동들이 의미 있는 성공 모델로 자리 잡기를 응원합니다.

집에서 음식물 쓰레기 퇴비화하기
망원동 옹달샘 옆 샘빌라 사례

도시의 '음쓰 분해자'들이 사는 샘빌라 옥상 텃밭. 음식물쓰레기(음쓰)는 퇴비함에서 흙이
되어 식물을 키우는 순환 구조를 이룬다.

어택 활동과 알맹상점으로 덕질을 이어온 쓰레기 덕후의 여정은 끝이 없다. 이번에는 음식물 쓰레기 퇴비화에 도전한 경험을 풀어본다.

하루는 영화 〈007〉시리즈를 보다 기술 담당 Q의 대사에 꽂혔다.

"나에겐 갚아야 할 대출금과 먹여 살려야 할 고양이가 있다고요."

나는 얼마 전 책 내용으로 우려먹기까지 했던 '망원동 에코하우스'를 떠나 그곳에서 도보 10분 거리로 이사했다. 그 덕에 아침에 눈을 뜨면 "나가자, 나에게는 갚아야 할 빚이 있다."라는 직장인 모드가 되었다. 좋아하는 집을 버리고 같은 동네로 이사한 이유는 딱 하나, 음식물 쓰레기를 당당하게 흙으로 되돌리기 위해서다.

사건의 발단은 이렇다. 총 40세대가 살던 망원동 연립주택에서 음식물 쓰레기를 흙과 섞던 삽질의 밤, 나는 동네 '조리돌림'을 당할 뻔했다. 발효시킨 음식물 쓰레기를 뒷마당 땅에 묻다 반장님께 걸린 것이다. 뭐하냐는 질문에 나는 카푸치노 거품처럼 풍성한 자부심에 부풀어 음식물 쓰레기를 흙으로 만드는 중이라고 답했다.

내심 칭찬받을 줄 알았다. 그러나 반장님 동공에는 강한 지진이 일었다. 종량제봉투 값을 아끼려고 음식물 쓰레기 투기를 저지르는 이웃을 본 마냥 '요 도둑놈 좀 보소' 하는 시선을 받게 된 거다.

고발당하지 않기 위해 나는 우선 잘못했다고 싹싹 빌었다. 그다음 날엔 음식물 쓰레기를 흙으로 퇴비화하는 활동의 의미를 구구절절 쓴 반성문을 반장님 댁에 전달했다. 환경단체에 근무해서 환경에 관심이 많다는 둥 개인 신상도 털어야 했다.

이후에도 종종 음식물 쓰레기를 퇴비로 만들었지만 그때마다 잔뜩 쫄아서 눈치를 보게 됐다. 걸릴 때마다 구질구질한 반성문을 쓰기도 싫었다. 타인의 무관심이 매력이자 특징이던 메트로폴리스 서울이 이웃을 닦달하는 공간처럼 여겨졌다. 결국 음식물 쓰레기를 퇴비로 만들자는 말에 흥분하며 코를 벌렁거리는 친구들과 같이 살기 위해 이사를 나왔다.

쓰레기 덕후로서 말하건대 음식물 쓰레기처럼 매력적이고 신비로운 존재는 없다. 내 손안에서 유기물의 물리적이고도 화학적인 '변태'를 경험할 수 있다. 『나를 미치게 하는 정원이지만 괜찮아』의 작가는 씨앗이 토마토와 상추가 되는 과정은 너무나 환상적이고 불가사의해서 도저히 이해할 재간이 없다고 했다. 나는 음식물 쓰레기가 흙이 되고 그 흙에서 수박씨가 발아해 어린 수박을 잉태하는 과정이 너무나 환상적이고 불가사의해서 미칠 것만 같았다. 그가 작물을 일구며 텃밭 한가운데서 실존주의자가 되었듯 나 역시 음식물 쓰레기를 통해 대자연의 카뮈와 사르트르를 경험했다.

음식물 쓰레기는 다른 유기체의 밥이자 미래의 흙이다. 우리도 결국 흙이 되어 우리를 먹여 살린 땅을 먹여 살리게 될 것이다. 이쯤 되면 음식물 쓰레기가 아니라 잔류 음식물이라고 불러야 하지 않을까.
그러나 세상 사람들에게 음식물 쓰레기는 고질적인 환절기 비염 같은 존재다. 어김없이 찾아오지만 해결하기 쉽지 않다. 냄새도 고약하고 축축한 데다 벌레가 꼬여 처리하기 영 번거롭다. 우리가 버리는 음식물 중 7분의 1은 버려진다. 음식물 쓰레기는 생활폐기물의 약 3분의 1을 차지한다. 우리나라 국민의 1인당 음식물 쓰레기 발생량은 프랑스나 스웨덴보다 많다. 2015년 국방비 총예산이 37조 원인데 그 절반인 18조 원을 음식물 쓰레기 처리에 썼다.

한 재활용업체에서 음식물 쓰레기를 섞는 기계에 봉지가 끼는 사고가 발생했다. 멈춘 기계를 고치기 위해 음식물 쓰레기 속으로 들어간 노동자는 쓰레기가 내뿜는 가스에 정신을 잃고 뇌사상태에 빠졌다.
한편 선별장에는 노상 음식물 쓰레기를 손으로 뒤적여 이물질을 골라내는 사람이 있다. 내게는 신비로운 음식물 쓰레기가 이렇게 잔인하고 더러운 쓰레기가 된다는 사실이 절망스럽다. 그리고 미안하다.

전체 쓰레기 중 생활폐기물은 20퍼센트도 안 된다. 솔직히 소소한 실천보다 80퍼센트를 차지하는 사업장과 건설 폐기물을 줄이는 일이 중요하다. 하지만 음식물 쓰레기만큼은 다르다. 음식물 쓰레기의 70퍼센트는 가정과 소형 음식점에서 나온다. 이 중 약 80퍼센트가 수분이고, 퇴비화하기 좋은 과일 껍질 같은 생쓰레기가 57퍼센트나 된다.
따라서 음식물 쓰레기의 물기를 제거하면 최대 80퍼센트까지, 가정과 소형음식점만 잘해도 70퍼센트까지 음식물 쓰레기를 줄일 수 있다. 즉, 음식물 쓰레기야말로 가장 가성비 높은 분리배출! 우리 하기 나름이다. 나는 도시 한복판에서 음식물 쓰레기를 흙과 반려 식물로 키워내는 황홀한 작당을 모의했다.

인도에 갔더니 동네 공원에서 낙엽과 음식물 쓰레기로 퇴비를 만드는 일을 주민들이 함께 한다는 뜻의 "라인 콤포스트Line Compost"라고 불렀다. 한 아이를 키우는 데 온 동네가 필요하듯 음식물 쓰레기를 흙으로 되돌릴 때도 이웃이 필요하다.

새로 이사 온 곳에서 우리는 옥상에 흙을 우르르 쌓아두고 음식물 쓰레기를 흙으로 만든다. 그리고 서로 칭찬해 준다. 하수도에 분쇄된 음식물 쓰레기를 흘려보내는 오물분쇄기도, 미세플라스틱으로 쪼개지는 종량제봉투도 필요하지 않다. 함께 하는 이웃과 미생물이 살아 있는 흙과 작은 공간이면 충분하다. 인천시 귤현동과 서울시 종로구에서는 쓰레기 덕후들이 버려진 자투리땅에 음식물 쓰레기를 함께 퇴비화하는 '분해정원'을 만들었다. 퇴비화에 도전할 분들을 위해 세상 쉬운 노하우를 전한다.

전기나 기계 없이 음식물 쓰레기를 퇴비화하는 태평흙법*

*태평한 자세로 흙만 있으면 된다는 뜻

음식물 쓰레기를 퇴비화하기 전 워밍업

- 먹을 만큼만 장을 보고, 조금씩 요리하거나 덜어 먹고, 상하기 전에 먹어 치우자.
- 냉장고 문에 식재료를 유통기한 순서대로 써놓고 빨리 먹어야 할 먹거리는 꺼내기 쉬운 위치에 두자. 나는 마스킹 테이프에 식재료 이름을 써서 냉장고 문에 붙여두고 다 먹으면 떼어낸다.
- 부엌 재료가 떨어지면 적어 뒀다가 계획을 세워 장을 보자.
- 되도록 껍질째 먹자. 건강에 좋다는 '마크로비오틱' 요리법이다.

• 육식을 줄이자. 동물성 성분이 많으면 퇴비화 과정에서 냄새가 심하고 벌레가 꼬이기 쉽다.

A 액비를 빼지 않고 흙과 섞어주는 방법

자투리 채소, 과일 껍질 등(생쓰레기)에 적당하다. 생선이나 고기 등 동물성 식품은 냄새가 나고 벌레가 꼬일 수 있으니 조금만 넣거나 따로 음식물 쓰레기로 분리배출한다.

준비물

덮개나 뚜껑이 있는 통 두 개 이상

(토기 화분, 스티로폼 상자, 플라스틱 상자 중 선택)

방법

① 음식물 쓰레기가 발생할 때마다 3센티미터 이하로 잘게 썰어 준비된 상자에 넣는다.

② 흙과 음식물 쓰레기를 3:1의 비율로 섞어준다. 화원에서 파는 아무 흙이나 된다.

③ 하루에 1~2회 모종삽으로 잘 섞어준다.

④ 양파 망이나 거즈 천처럼 공기가 통하는 것으로 덮어서 보관한다. 벌레가 들어가지 않게 잘 여민다. 스티로폼 상자는 뚜껑 중간에 손바닥만 한 구멍을 뚫고 천이나 망을 붙여 상자를 닫는다.

⑤ 베란다나 현관문 앞 등에 보관한다. 마땅한 공간이 없다면 부엌 싱크대에 보관하되 여름철에는 벌레가 꼬일 수 있으니 자주 섞어주고 흙

으로 덮어준다.

⑥ 상자 한 개가 가득 차면 뚜껑을 단단히 덮어 그대로 둔다.

⑦ 두 번째 상자를 위의 방법으로 채운다.

⑧ 두 번째 상자가 다 차면 첫 번째 상자의 내용물을 화단, 텃밭, 화분 등에 넣고 식물을 심는다.

B 액비를 빼주면서 퇴비화하는 방법

A 방법은 음식물 쓰레기의 수분을 흙과 섞기 위해 흙이 많이 필요하고 날마다 섞어줘야 한다. 그래서 나처럼 게으르고 좁은 공간에 사는 사람에게는 부담스럽다. 그래서 B 방법을 쓰게 됐다. 음식물 쓰레기의 80퍼센트가 수분이라는 점을 감안해 수분을 제거한다. 수분만 잘 제거해 줘도 부피와 냄새가 확 줄어든다. 나는 현재 이 방법으로 음식물 쓰레기를 퇴비화하고 있다.

준비물

액비를 빼주는 꼭지가 달린 보카시 통 두 개 이상

(다이소 4.5리터 통, 가든팜 키친 콤포스트 통, 더존 짤순이 등)

방법

① 음식물 쓰레기가 발생할 때마다 3센티미터 이하로 잘게 썰어 보카시 통에 넣는다.

② 하루에 한 번 뚜껑은 그대로 두고 보카시 통 꼭지만 열어 액비를 빼준다. ★중요

③ 보카시 통은 액비를 빼거나 뚜껑을 열 때를 제외하면 냄새가 나지 않는다. 뚜껑을 열 때 나는 냄새가 거슬리면 베이킹소다 또는 말린 원두가루를 음식물 쓰레기 위에 듬뿍 뿌려주면 냄새가 줄어든다. 여름철에는 벌레가 생기기도 한다.

④ 첫 번째 통이 가득 차면 뚜껑을 단단히 덮어 2주간 가만히 둔다. 액비는 2~3일에 한 번씩 제거해 준다.

⑤ 두 번째 통을 위의 방법으로 채운다.

⑥ 두 번째 통이 다 차면 첫 번째 통을 연다. 하얀 곰팡이가 보인다면 잘 발효된 것이다. 음식물 쓰레기와 흙을 1:3의 비율로 잘 섞어준 뒤 화분에 넣거나 화단과 텃밭 등에 묻는다.

⑦ 2주 후부터 식물을 심을 수 있다.

음식물 쓰레기를 퇴비로 만들어 식물을 기르는
'음식물로 싹 틔우기 자원순환 프로젝트'
영상을 참고하세요.

전자 쓰레기

스마트한 세상의 그늘

Circular Economy

예전에는 지하철에서 앞사람과 눈이 마주치면 민망해서 얼른 고개를 돌렸는데, 요즘은 전혀 신경 쓸 필요가 없습니다. 너도나도 손바닥만 한 사각형 안에 시선이 고정되어 있기 때문이죠. 어쩌면 우린 스마트폰과 보이지 않는 전파에 노예처럼 묶여 있는지도 모릅니다. 전자기기로 세상이 편리해졌다고들 합니다만, 과연 그럴까요? 이번 강의에서는 우리가 매일 사용하는 전자기기의 생애와 연결된 비극을 알아볼 텐데요. 디지털 세계를 지탱하기 위해 점점 무너져가는 현실로 들어가 보겠습니다. 전자기기로 인해 환경이 어떻게 파괴되는지, 우리는 뭘 해야 할지 파헤쳐 보겠습니다. 기술 혁신이라는 거대한 가속에 끌려가지 말고 디지털 세계의 그늘 아래 죽어가는 존재들이 없도록 함께 주시해야 합니다.

3D 세상
: 더럽고 Dirty 위험한 Danger 디지털 Digital

스마트폰을 만들려면 수많은 금속 자원이 필요합니다. 영국 플리머스 대학 연구진에 따르면 스마트폰 한 대에 사용되는 각종 금속을 조달하려면 금, 구리, 텅스텐, 니켈 등 각종 귀금속 광석 10~15킬로그램을 채굴해야 한다고 해요. 폰 하나의 무게는 200그램 내외인데 50배 이상의 광석이 필요한 거죠.

스마트폰에는 '콜탄 Coltan'이라는 광물에서 추출한 탄탈 Tantalum(스마트폰 내 절연 물질로 반드시 들어가야 하는 금속)이 사용됩니다. 콜탄은 아프리카 콩고에 많이 매장되어 있는데요. 오랜 내전을 겪었던 콩고에서 반군이 무기 살 돈을 마련하기 위해 밀림을 파헤치면서 콜탄 광산을 마구 개발합니다. 이 과정에서 고릴라 서식지가 파괴되고, 아동과 여성이 강제 동원되어 착취와 성폭력을 당하는 등 약자들에게 더없이 가혹한 지옥이 펼쳐지고 있어요.

디지털 기기의 충전식 전지로 사용되는 리튬 배터리도 골칫거리인데요. 배터리 사용이 폭발적으로 증가하면서 리튬 채굴로 인해 환경에 미치는 영향도 커지고 있습니다. 전 세계 리튬 공급의 50퍼센트를 차지하는 남미 지역은 리튬 광산으로 인해 수자원이 고갈되고 있죠. 심지어 칠레의 리튬 광산 지역에선 농사지을 물을 구하기 어려울 지경이라고 합니다.

남미 지역은 소금 호수에서 리튬을 채굴하기 때문에 리튬 1톤을 얻으려면 190만 리터의 물이 필요한데 이 양이 그 지역 수자원의 65퍼센트를 차지한다니, '하얀 기름의 저주'라며 울부짖는 주변 농민들의 심정은 어떨까요.

다시 아프리카로 가봅니다. 아프리카 서부 콩고에서 북쪽으로 올라가면 가나라는 나라가 있어요. 제과 회사 초콜릿 브랜드명으로 우리에게 익숙하죠. 초콜릿 원료인 카카오 생산량 세계 2위로 이름을 떨치던 가나는 지금 다른 문제로 오명을 떨치고 있습니다. 수도 아크라에 있는 세계에서 가장 규모가 큰 전자 쓰레기 처리장 때문인데요.

전 세계에서 몰려오는 전자 쓰레기를 뜯고 태우는 과정에서 주민들은 유해 물질에 무방비로 노출되어 있습니다. 작업장 근처에 풀어놓은 닭이 낳은 달걀에서 다이옥신이 다량 검출되었다는 보고도 있고요. 이 끔찍한 환경에 아이들도 있고, 심지어 전자 쓰레기를 해체하는 일을 합니다.

디지털 세계가 현실로 들어오면서 우리 생활은 편리해졌지만, 멋진 이미지와 달리 디지털 세계를 구현하는 물질 기반은 더럽고 위험하기 짝이 없습니다. 독성물질에 노출된 반도체 공장 노동자가 백혈병에 걸리고, 전자제품에 쓰이는 광물 채굴 현장과 전자 쓰레기 처리장은 생태계를 파괴합니다. 가난한 사회적 약자들은 위험한 작업에 내몰리고요. 산이 높으면 골짜기는 깊을 수밖에 없습니다. 빌딩이 높을수록 도시 뒤편 그늘은 짙어지죠. 스마트한 세상 이면에는 파괴로 인한 혼란이 가중되고 있습니다.

전자 쓰레기
어떻게 처리되고 있을까?

흔히 전자 쓰레기를 '폐가전제품'이라고 하는데, 법적 공식용어는 '폐전기·폐전자제품'입니다. 영어로는 이웨이스트 E-waste라고 하는데요. 여기선 여타 쓰레기 종류와 일관되게 '전자 쓰레기'라고 하겠습니다.

전 세계 전자 쓰레기 발생량은 유엔 대학이 여러 기관과 공동 연구·발표하는 보고서 「전 세계 전자 쓰레기 모니터 The Global E-waste Monitor」에 잘 정리되어 있습니다. 2020년 보고서를 보면 2019년 기준으로 한 해 약 5400만 톤이 발생했다고 나와요. 에펠탑 5,400개 무게죠. 2014년에 비해 1000만 톤이나 늘었는데 이 추세라면 2030년에는 7500만 톤으로 증가할 거로 봅니다.

전 세계 생활 쓰레기가 매년 20억 톤 정도 발생하니 전자 쓰레기는 생활 쓰레기 발생량의 5퍼센트 정도 됩니다. 양으로 따지면 다른 쓰레기에 비해 크게 문제가 되진 않지만 주목해야 할 이유가 있어요. 바로 전자 쓰레기의 질적 특성 때문입니다.

전자 쓰레기는 상반된 두 얼굴을 하고 있는데요. 자원 가치는 높지만 유해 물질을 함유하고 있다는 것입니다. 자원 가치가 높으니 너도나도 재활용에 뛰어들지만 유해 물질을 잘못 처리하면 재앙이 되죠. 유해 물질 처리 능력도 없으면서 돈을 노리고 뛰어드는 사업자를 막아야 하니 관리가 여간 어렵지 않습니다.

전자제품에는 금, 은, 구리, 철, 알루미늄 같은 금속이 들어있어요. 우리에게 친숙한 이름이죠. 그 외에도 **희소금속**(코발트 인듐 게르마늄 비스무트 안티몬 플레티늄 팔라듐 루테늄 로듐 오스뮴 등)도 있는데요. 전자제품에 반드시 들어가야 하는데 전 세계에 아주 적은 양만 존재하고, 그것도 특정 국가에 집중해 있어서 구하기 어려운 금속이죠. 전자제품 사용이 늘면서 수요가 증가하고 있어 더욱 문제가 되고 있습니다. 희소금속을 얻으려면 다른 광물에 비해 땅을 더 건드려야 하니 생태계 파괴가 심각해지는 상황이죠.

앞에서 말한 탄탈도 희소금속의 일종인데요. 콩고의 콜탄 광산 지역을 보면 곳곳에 크레이터crater(운석 충돌 등으로 생긴 거대한 구덩이)가 있는 달 표면 같다고 합니다. 인공지능, 자율주행차, 사물인터넷, 가상현실 등 디지털 세계의 도래로 세계 곳곳에서 생태 학살이 벌어진 결과죠. 중국은 희토류를 무기로 휘두르며 거드름을 피우지만, 희토류 채굴로 인한 환경문제는 만만치 않습니다. 희토류 광산에서 희토류 1톤을 얻으려면 독성가스가 6만 세제곱미터, 산성폐수가 20만 리터, 방사성이 섞인 독성 폐수가 발생합니다. 희토류 광산 주변 지역 환경 파괴도 심각하지만 광산 노동자들이 위험에 노출되는 상황이 더 큰 문제죠.

전자제품에 쓰이는 금속자원을 광산에서 전량 조달하려면 생태계 파괴는 물론이고 자원 공급 불안정으로 인한 국가 간 갈등도 커질 수밖에 없어요. 특히 우리처럼 해외 자원을 수입해 만든 물건을 수출해서 먹고사는 국가는 미래가 더욱 암울해집니다. 상황이 이렇다 보니 재활용을 통해 자원을 조달할 필요성이 더욱 커지는 건데요. 전자 쓰레기 내 금속자원을 추출해 다시 전자제품에 사용하는 순환 공급망을 잘 구축해야 하는 이유입니다.

이렇게 전자제품 순환경제를 특화한 금속자원 재활용 산업을 **도시 광산**Urban Mining이라고 합니다. 버려지는 금속 쓰레기에서 자원을 얻는다는 의미로 붙여진 말인데요. 그렇다면 전자 쓰레기를 수거해 재활용하는 사람은 도시 광부가 되겠죠.

도시 광산의 의미를 십분 활용해 본다면, 나무 쓰레기를 다시 나무 제품으로 재활용할 땐 도시임업이 되고 플라스틱 쓰레기를 열분해해서 기름으로 재활용하면 도시 유전이 되죠. 미국 버클리대 토지연구소 연구원 프레이야 냅Freyja L Knapp은 2016년에 도시 광산을 '유연한 광산flexible mining'으로도 칭하는데요. 기존 광산이 가진 공간적·시간적·정치적 제약을 벗어나 금속자원을 필요한 사람에게 공급할 수 있다는 뜻이죠. 다소 어려운 개념이긴 해도 재활용의 장점이 잘 드러난 혜안으로 봅니다.

우리가 도시 광산을 잘 활용해야 하는 이유는 광산에서 광물을 채굴하는 방식이 시장 변동에 유연하게 대처하기 어려운 경직된 시스템이기 때문입니다. 이를테면 구리 가격이 하락하면 수지가 맞지 않아 일부 광산을 폐쇄해야 하는데, 이렇게 폐쇄한 광산을 구리 가격이 오를 때 다시 열려면 시간이 걸리거든요. 또 희소금속은 정치적으로 불안정한 아프리카나 중국처럼 정부 통제가 강한 국가에 많이 분포해 있어 상황에 따라 갑자기 공급이 중단되거나 줄어들 우려가 있고요.

이에 반해 도시 광산은 재활용을 통해 조달하므로 시장 변동에 유연하게 대처할 수 있습니다. 연간 5400만 톤의 전자 쓰레기를 전량 재활용한다면 2500만 톤의 재생 원료를 다시 전자제품 제조에 공급할 수 있는데요. 금액으로 환산하면 570억 달러 가치입니다. 우리 돈으로 약 72조 원 정도로 한 해 예산(600조 원)의 10퍼센트를 조금 넘습니다.

하지만 도시 광산이 마냥 좋지만은 않아요. 제대로 관리하지 않으면 천연 광물 광산만큼이나 문제가 될 수 있거든요. 쓰레기가 돈이 되다 보니 무허가 시장이 난립해서 문제인데요. 물론 재활용되긴 하겠지만 처리 자격이 없는 사람들이 재활용 과정에서 유해 물질을 제대로 처리하지 않을 우려가 크거든요. 냉장고, 에어컨, 정수기 등에 사용되는 냉매를 대기 중에 그대로 날려 보내면 기후 위기를 심화하죠. 특히 냉장고 등에 사용되는 냉매는 이산화탄소보다 수백 배나 강한 온실가스인데요. 무허가 시장에서 대기 중으로 배출한 냉매의 양을 온실가스로 환산하면 약 1억 톤 정도입니다. 우리나라가 1년에 배출하는 온실가스가 약 7억 3000만 톤이니 어마어마한 양이죠.

LCD TV나 모니터에 들어있는 가느다란 형광등도 해체할 때 깨지면 수은 가스가 유출됩니다. 무허가 시장을 통해 매년 환경에 유출되는 수은의 양은 무려 50톤이나 되는데, 성인 1000만 명을 중독시킬 수 있는 양이 배출되고 있는 셈이죠. 전자 쓰레기는 무허가 시장이 엄청나게 큽니다. 처리 허가를 받은 업체에서 재활용한 양은 전 세계 발생량의 17.4퍼센트에 불과하고(2019년 기준) 나머지 83퍼센트(4400만 톤)는 어떻게 처리되는지 알 수 없습니다.

문제는 또 있는데요. 바로 부적절한 국제 거래입니다. 선진국에서 재활용 명목으로 수출된 전자 쓰레기가 저소득 국가에서 해체되어 심각한 환경오염을 일으키는 거죠. 누구도 강요하진 않았지만 가난한 사람들이 돈을 벌기 위해 부자 나라의 전자 쓰레기를 가져와 자신의 건강과 마을을 해치며 처리하고 있는 겁니다. 제가 대학원을 갓 졸업하고 환경단체에 들어와 처음 맡은 업무가 전자 쓰레기 문제였는데요. 중국의 전자 쓰레기 재활용 실태 보고서를 보고 충격에 빠진 기억이 납니다.

「유해함을 수출하다: 아시아의 하이테크 쓰레기 처리Export Harm: The High-Tech Trashing of Asia」는 미국 환경단체인 바젤행동네트워크Basel Action Network 등이 중국을 비롯한 아시아 지역 전자 쓰레기 재활용 실태를 조사해 2002년 2월 발표한 보고서입니다. 당시 중국 광동성 구이유 지역은 전 세계 전자 쓰레기의 거대 재활용 처리장이었어요. 보고서에는 마스크도 쓰지 않은 노동자가 인쇄회로기판의 납땜을 연탄불에 녹이거나, 하천 변에서 유독 물질을 사용해 금을 추출하거나, 전선 등이 노천에서 검은 연기를 내며 타는 장면이 있습니다.

그 지역 농민들은 농업을 포기하고 전자 쓰레기 재활용 사업에 뛰어들었는데요. 농사지을 때보다 수입은 수십 배 늘었지만 식수조차 마실 수 없을 정도로 환경이 파괴되었고 각종 유해 물질에 노출되었습니다. 환경과 건강을 돈과 맞바꾼 거죠.

실태 조사를 보면 매우 심각합니다. 대기 중 다이옥신 농도는 인근 홍

한 여성 노동자가 아무런 보호 장비 없이 인쇄회로기판을 연탄불에 달궈 납땜을 녹인 후 칩을 뽑고 있다. 칩은 재사용 목적으로 다시 판매되었고 인쇄회로기판은 노천에서 소각되었다.

컴퓨터 칩에서 금을 추출하고 있는 모습. 금 추출 공정에는 염산과 질산이 섞인 산성 액체가 사용되는데, 사용 후 강으로 방류되었다.

출처: 「Exporting Harm The High-Tech Trashing of Asia」 2002. Prepared by BAN

콩의 300배, 도로변 대기 중 납 농도는 세계 여러 도시 평균의 50배, 주민의 혈중 유해 물질은 세계보건기구 기준 이상으로 높게 검출되었고 다른 지역에 비해 4배 이상 높은 사산율과 어린이 저체중·발육 부진·지능 저하 가능성 등이 나타났습니다. 보고서 발표 이후에도 중국은 계속 전자 쓰레기를 수입했는데요. 어느 정도 경제성장을 이루고는 국제사회의 따가운 시선에 차츰 규제하기 시작했고 2018년부터는 쓰레기 수입을 전면 금지했습니다.

이후 중국 대신 아프리카 쪽이 새로운 전자 쓰레기 처리장으로 전면

부상하는데요. 바로 앞에서 말한 가나 지역이죠. '가나 전자 쓰레기'를 검색하면 아크라 지역의 전자 쓰레기 재활용 실태 영상과 사진을 많이 볼 수 있는데, 약 4만 명 정도가 일하고 있습니다. 2000년 초반 중국 상황과 별반 다르지 않아요. 가난이 대물림되듯 전자 쓰레기는 계속 가난한 나라를 찾아가고 있죠. 전자 쓰레기가 함부로 자기 나라를 떠나지 못하도록 빨리 목줄을 채워야 합니다.

우리의 전자 쓰레기 관리는 얼마나 스마트할까?

그렇다면 우리는 어떻게 처리하고 있을까요? 한국은 EU나 일본과 함께 비교적 전자 쓰레기 관리 체계가 잘 갖춰진 국가에 속합니다. 불과 10년 전까지만 해도 무허가 업체에서 처리되거나 해외로 수출되는 문제가 심각했는데요. 최근 10년 사이 관리 체계가 강화되면서 크게 개선되었습니다. 그나마 다행이죠. 전자 쓰레기 관리는 「전자제품자원순환법」에서 정하고 있어요. 핵심 내용은 크게 두 가지로, 하나는 생산단계에서 유해 물질 사용을 제한하는 것이고, 또 하나는 쓰레기 배출 이후 단계에서 생산자에 책임을 지우는 것입니다. 환경부는 전자제품이 환경 문제를 일으키지 않도록 생산부터 처리까지 전 과정을 관리하겠다는 포부를 담아 **환경성보장제**라는 거창한 이름을 붙였습니다. 구체적으로 살펴볼까요?

먼저 유해 물질을 쓰지 말라는 규제입니다. 물건을 만들 때 유해 물질 사용을 줄여야 나중에 쓰레기를 처리할 때 재활용이 좀 더 쉬워지거든요.

환경성보장제 규제 대상 유해 물질

중금속	납 수은 육가크롬 카드뮴
브롬계 난연제	폴라브롬화비페닐[PBB] 폴리브롬화디페닐에테르[PBDEs]

납, 수은, 육가크롬, 카드뮴은 거의 사용을 금지하고 있습니다. 요즘 전자제품 인쇄회로기판은 납땜을 하지 않아요. 납이 사용 금지되었기 때문이죠. 난연제란 잘 타지 않도록 플라스틱에 들어가는 첨가제로 전자제품에 사용되는 플라스틱에 들어가는 물질입니다(전자제품에는 전기가 사용되므로 화재 대비용으로 쓰임). 예전부터 많이 사용한 난연제는 브롬이 들어간 화학물질로, 환경에 노출되면 다이옥신으로 변한다는 문제가 있는데, 브롬계 난연제가 들어간 플라스틱을 태우면 브롬계 다이옥신이 배출되죠. 자연에 버려지면 미세플라스틱이 되는 과정에서 플라스틱 밖으로 새어 나와 다이옥신이 됩니다. 재활용할 때도 플라스틱을 녹이는 과정에서 재활용 작업자가 브롬계 다이옥신 가스에 노출된다는 연구 결과도 있고요.

다음은 생산자에게 재활용 책임을 부과하는 문제인데요. 핵심 내용은 생산자가 직접 혹은 재활용사업공제조합을 구성해서 재활용 사업자에게 비용을 지원하라는 것입니다. 전자제품에도 EPR이 시행되고 있어요(쓰레기로 배출된 이후에는 생산자에게 전자 쓰레기 재활용 책임을 부여하고 있음). 3강에 나온 EPR 내용은 주로 페트병과 포장재 대상이었으니 여기선 전자제품 EPR만의 특징을 살펴보겠습니다.

첫째로, 전자제품은 생산자뿐 아니라 판매자에게도 의무를 부여합니다. 전자 쓰레기 수거와 관련된 의무죠. 냉장고 TV 에어컨처럼 부피가 큰 제품을 구매하면 판매자가 설치까지 해주거든요. 만약 소비자가 기존 제품을 쓰레기로 배출하면 판매자가 무료로 수거해야 합니다. 이것을 **판매자의 역회수의무**라고 하죠(신제품을 판매하는 경로와 반대로 수거한다고 해서 역회수라 함).

예를 들어 볼게요. 생수를 파는 이마트에는 페트병을 수거할 의무를 주지 않는데 전자제품을 판매하는 하이마트엔 전자 쓰레기 수거 의무를 줍니다. 생수를 파는 곳은 페트병 수거 의무가 없는데 전자제품 판매처는 전자 쓰레기를 수거해야 하죠.

둘째로, **재활용 의무량**입니다. 페트병은 재활용 의무율을 먼저 정하고 매년 출고하는 양에 의무율을 곱해서 의무량을 정하는데요. 전자제품은 매년 재활용해야 하는 양을 바로 정해줍니다. 같은 내용처럼 보여도 '아'와 '어' 같은 차이가 있어요. 이 차이를 아는 것도 EPR을 이해하는 재미죠. 페트병처럼 전자제품에 먼저 재활용 의무율을 주고 판매량만큼 의무율을 곱하면 어떨까요? 페트병이야 일회용이니 판매된 양만큼 쓰레기가 나오잖아요. 그러니 문제가 없지만 전자제품은 달라요. 내구재 제품이라서 보통 물건을 구입한 해에 바로 버리진 않으니까요. 그러니 판매된 제품을 쓰레기 배출량으로 보고 재활용 의무율을 설정하면 전자 쓰레기 발생량과 생산자의 재활용 의무량이 맞지 않아요.

예를 들어 보겠습니다. 전자제품이 100개 판매되었는데 만약 80퍼센트의 재활용 의무율을 정하면 생산자들은 80개의 전자 쓰레기를 수거해서 재활용해야겠죠. 그런데 전자 쓰레기는 대부분 산 지 오래된 제품이 쓰레기로 배출되는 거라 해마다 발생량이 다르다고 했잖아요. 그러니 실제 쓰레기 발생량이 70개라면 재활용 의무량을 채우지 못해 생산자가 벌금을 많이 내야 하고, 120개라면 재활용 의무량보다 재활용한 양이 많아 재활용업체들이 불만이겠죠. 재활용 지원금이 재활용한 양만큼 나오진 않으니까요.

대안은 수십 년 동안의 전자제품 판매량과 전자 쓰레기 발생량 추이를 보면서 양을 추정한 후 연간 판매량과 관계없이 생산자가 재활용해야 할 양을 정해주는 방식이 합리적입니다.

환경성보장제 대상은 현재 49종 제품입니다. 온도 교환기기(냉매를 포함하는 기기), 디스플레이 기기, 통신·사무기기, 일반 전기·전자 제품으로 종류를 구분하는데요. 세부 내용은 다음 페이지 표를 참고하세요. 2023년부터는 태양광 발전기 패널도 추가되어 50종이 될 텐데요. 많아 보여도 전기면도기, 휴대용 선풍기나 전자 담배처럼 자주 쓰이는데 누락된 제품이 여전히 많습니다. 요즘 제가 사용하는 눈 마사지 기기도 빠져 있네요. 최근 사용량이 증가하고 있는 드론도 안 보이고요. 장난감에도 전자부품이 많이 사용되죠. 주변을 둘러보고 빠진 게 있다면 목록에 추가해 달라고 소비자가 강력하게 요구해야 합니다.

온도교환기기	냉장고 정수기 자동판매기 에어컨 제습기
디스플레이기기	TV 컴퓨터 모니터 내비게이션
통신·사무 기기	컴퓨터 본체 복사기 프린터 팩스 스캐너 빔프로젝트 공유기 휴대폰
일반 전기·전자제품	세탁기 오븐 전자레인지 음식물처리기 식기세척기 공기청정기 전기히터 오디오 전기밥솥 연수기 가습기 다리미 선풍기 믹서 청소기 비디오 플레이어 토스트기 전기주전자 전기온수기 프라이팬 헤어드라이어 러닝머신 감시 카메라 건조기 안마기 족욕기 재봉틀 영상게임기 제빵기 튀김기 커피 메이커 약탕기 탈수기 자동판매기

전자제품은 기술변화 속도가 빨라 매년 새로운 기기가 추가되고 있고, 웨어러블 디바이스Wearable Device처럼 기존 전자제품 정의로 규정하기 어려운 것도 등장할 겁니다. 지금처럼 대상 품목을 법률로 일일이 지정하는 답답한 방식으론 효율적인 관리가 어려울 거예요. 가정에서 배출되는 전자 쓰레기가 빠짐없이 재활용되기 위해서는 모든 제품이 적용되게끔 제도를 개선해야 합니다.

우리는 얼마나 버리고 어떻게 처리하고 있을까?

그럼 전자 쓰레기가 실제로 어떻게 처리되는지 살펴보겠습니다. 우선 쓸만한 제품은 중고 제품으로 재사용되죠. 자원순환 측면에서 가장 바람직합니다. 작은 제품은 개인 간 중고 거래로 부피가 큰 제품은 트럭이 돌면서 매입하거나 개인이 재활용 센터에 판매하기도 해요. 이렇게 수집된 제품은 국내 중고 매장으로 가거나 해외로 수출되는데요. 정확한 시장 규모나 물량은 파악하기 어렵습니다.

이처럼 개인 간 거래나 중고 매장을 통해 재사용되거나 소형 제품이 종량제봉투로 배출되어 소각·매립하는 경우를 제외하면 대부분 재활용된다고 봅니다. 전자 쓰레기가 재활용되는 경로는 크게 두 가지입니다.

하나는 **생산자나 판매자가 무료로 수거해서 재활용하는 방법**인데요. 새 제품을 사면서 쓰던 것을 버릴 때는 판매자가 가져가고, 쓰던 것을 그냥 버릴 때는 생산자가 방문해서 무상으로 가져갑니다. (폐가전제품 무상방문수거 서비스: 1599-0903, 15990903.or.kr) TV나 냉장고처럼 부피가 크면 한 대도 신청할 수 있는데 밥솥이나 선풍기처럼 부피가 작으면 다섯 대부터 가능합니다.

무상방문수거 서비스는 2012년 서울시에서 처음 시작해 2016년 전국 시행되었는데요. 아주 의미 있는 서비스입니다. 쓰레기 종량제 시스템에서는 부피가 큰 쓰레기를 대형쓰레기로 돈을 내고 버렸는데 EPR 취지에 맞게 생산자가 책임지고 수거하도록 바뀌었죠. 전 세계를 통틀어 우리나라에만 있는 제도인데요. 지자체가 빠지고 생산자가 책임 관리한다는 EPR 원형에 가장 가까운 사업입니다.

이 서비스가 시행되면서 전자 쓰레기 수거 체계가 제대로 작동하는데요. 버리는 데 따로 돈이 들지 않으니 무허가 처리 업체로 빠져나가는 양이 확 줄었습니다. 대형 쓰레기로 집 앞에 내놓으면 누군가 돈이 되는 부품만 빼 가거나, 지자체 집하장에서 무허가 처리 업체로 불법적으로 가는 경우도 있어서 왕왕 문제가 되었는데요. 이런 문제가 싹 없어진 거죠.

어떻게 가능했을까요? 판매자나 생산자가 수거한 전자 쓰레기를 허가받은 재활용업체로 보내 투명하게 처리하도록 했기 때문입니다. 판매자나 생산자가 수거한 전자 쓰레기는 '알씨'로 보내 재활용해요. 알씨는 재활용센터Recycling Center의 약자로, 전자 쓰레기 분야에선 '전자 쓰레기를 재활용하는 대규모 시설'이라는 뜻으로 통용됩니다.

EPR 재활용사업공제조합(한국전자제품자원순환공제조합)은 권역별로 알씨를 지정합니다. 전자 쓰레기를 안전하게, 유가 자원을 최대한 효율적으로 재활용할 수 있는 시설과 능력이 있는지 평가하죠. 권역별로 알씨가 지정되면 수거한 물량과 이동 거리, 알씨의 시설 규모 등을 고려해 처리 물량을 배분합니다.

현재 전국에 12개의 알씨가 있는데요. 주로 냉장고, 세탁기, TV, 에어컨 등 부피가 큰 대형 제품 위주로 재활용합니다. 기회가 되면 꼭 견학해 보세요. 우리가 떠올리는 쓰레기 처리 업체의 이미지가 확 바뀔 겁니다. 노천에서 망치를 들고 전자 쓰레기를 부수는 후진국형이 아니라 컨베이어 벨트에서 수작업과 기계 공정이 적절히 섞여 처리되는 선진국형 시스템을 볼 수 있습니다.

전자 쓰레기가 재활용되는 또 다른 경로는 **배출된 재활용품을 선별장에서 선별하는 경우**입니다. 주로 부피가 작은 중소형 전자 쓰레기가 여기에 해당하죠. 아파트 분리수거장에 따로 수거함을 설치해 모으기도 하는데요. 대개는 플라스틱으로 배출하면 선별장에서 전자 쓰레기만 따로 재활용업체로 보내요. 아파트에서 나오는 중소형 전자 쓰레기는 민간 선별업체를 통해 재활용업체로 가고요. 주택가에서 배출된 것은 지자체 선별장을 거쳐 재활용업체로 가는데요. 서울시는 지자체 선별장에서 선별된 중소형 전자 쓰레기를 재활용하는 공공시설인 SR센터를 운영하고 있습니다. 중소형 전자 쓰레기를 좀 더 안정적으로 재활용하기 위해서는 서울시처럼 다른 지역도 공공 인프라를 확대할 필요가 있습니다.

알씨에서는 전자 쓰레기를 체계적으로 재활용합니다. 전자 쓰레기를 소재별로 해체·파쇄한 후 각각 재활용업체로 보내 재생 원료로 생산하죠. 전자 쓰레기는 플라스틱(ABS PP PS 등), 고철·비철금속(구리 알루미늄 스테인리스 기타 희소금속 등)으로 구성되어 있는데요. 손으로 분리할 수 있는 부품부터 떼어내고, 나머지는 기계로 파쇄해 재질(철 비철 플라스틱)별로 나누고 나서 선별되지 않은 건 쓰레기로 간주합니다. 희소금속이 많은 인쇄회로기판은 수작업으로 떼어낸 후 비철금속 제련업체로 보내 희소금속을 추출하죠.

재활용률은 종류별로 달라요. 대부분 90퍼센트가 넘어가고 냉장고만 80~85퍼센트로 조금 낮은데요. 단열재로 사용되는 플라스틱(폴리우레탄)이 재활용되지 않기 때문입니다. 그 외 전자 쓰레기 중 재활용이 안 되는 품목은 오디오에 사용된 목재, 밥솥에 사용된 단열재, 전자레인지나 오븐에 사용된 내열유리, 기타 열경화성 플라스틱 등입니다.

전자 쓰레기를 해체 작업할 때는 특히 냉장고나 에어컨처럼 냉매가 사용된 제품에서 냉매가 유출되지 않게, LCD TV나 모니터의 형광등에서 수은 가스가 새지 않게 유의해야 하는데요. 제대로 된 처리시설을 갖춘 업체로 전자 쓰레기를 보내야만 전자 쓰레기 재활용 과정에서 유해 물질을 제대로 관리할 수 있습니다.

또 한편으론 전자 쓰레기를 해체할 때 나온 부품이나 소재가 해외로 수출되지 않도록 해야 합니다. 희소금속 자원의 해외 유출도 막아야 하지만 혹여 처리 시설이 없는 곳에서 위험하게 재활용되는 상황은 막아야죠. 그래서 전자제품 EPR 제도에서는 전자 쓰레기를 해체하면서 나온 인쇄회로기판 등을 수출하지 못하게 관리하고 있는데요. 이것도 EPR의 순기능 중 하나입니다.

국내 환경성보장제 대상 품목에 해당되는 전자 쓰레기의 재활용량은 40만 톤을 웃도는데요. 냉장고와 세탁기 등 주요 27개 품목의 재활용량은 38만 톤 정도 됩니다. 환경부 연구에선 해당 품목들의 쓰레기 발생량을 63만 톤으로 추정하고요(2020년 기준). 즉 발생량 중 60퍼센트 정도가 재활용되는데, 나머지 40퍼센트는 어떻게 처리되고 있는지 파악하기 어려워요. 일부는 소각되거나 매립될 거고 또 일부는 무허가 업체에서 재활용될 거고요. 중고 가전으로 수출된 양도 있을 텐데요. 구체적인 실태를 파악할 필요가 있습니다.

디지털 시대 전자 쓰레기 어떻게 관리해야 할까?

우리나라 전자 쓰레기 관리제도나 체계는 생각보다 잘 갖춰져 있는데요. 그렇다고 최상의 상태로 '잘' 관리되고 있다고 보긴 힘들어요. 문제점을 보고 개선점을 함께 고민해보죠.

관리 문제로 들어가기 전에 디지털 시대의 다른 쓰레기 문제를 먼저 짚어볼까 합니다. 바로 데이터 쓰레기입니다. 우리는 문서나 오디오, 영상 등의 정보를 디지털로 간편하게 저장할 수 있어 닥치는 대로 모아 두곤 하죠. 개인 컴퓨터뿐 아니라 각 디지털 회사의 데이터센터에 저장되는데요. 데이터센터에 있는 데이터는 저절로 보관되고 있을까요?

눈에 보이지 않으니 우리는 전혀 신경 쓰지 않지만 데이터센터를 가동하는 덴 엄청난 에너지가 듭니다. 24시간 내내 열이 발생하고 또 이를 식히기 위해 냉방장치를 돌리거든요. 저장되어 있지만 활용하지 않는 데이터를 다크 데이터라고 하는데요. 쉽게 말해 데이터 쓰레기입니다.

디지털 시대에는 이처럼 눈에 보이지 않는 쓰레기도 넘쳐납니다. 쓸데없는 데이터를 보관하면서 에너지를 갉아먹고 탄소를 배출하죠. 데이터 1메가바이트당 탄소 약 11그램이, 스팸메일 하나에 약 4그램이 발생합니다. 매일 이메일 관리만 잘해도 탄소를 줄일 수 있다는 뜻입니다. 요즘은 스마트폰으로 찍은 사진이 구글 드라이브에 자동 저장되기도 하는데요. 데이터 쓰레기도 '줍깅'이 필요한 때입니다.

이제 눈에 보이는 전자 쓰레기 문제로 돌아가 볼게요. 뻔한 얘기지만 문제를 해결하는 우선순위는 쓰레기가 발생하지 않게 하는 겁니다. 그러려면 전자제품을 오래 사용해야 하고요. 전자제품을 오래 쓰려면 제품의 내구성을 높이는 한편, 고장 나도 쉽게 수리할 수 있게 해야죠. EU의 순환경제 실행계획의 핵심이 바로 제품 내구성과 소비자의 수리권을 법으로 보장한다는 건데요. 물건을 쉽게 고칠 수 있게 생산자가 부품을 공급하고 수리 기술을 공개하라는 거죠. EU는 전자제품 에코디자인 지침에서 관련 내용을 규정했는데 최근에는 소비자 보호법에도 수리권 조항 추가를 검토하고 있습니다.

전자제품 중에서도 짧아진 수명을 모두가 절실히 느끼는 건 스마트폰 아닐까요. 평균 사용 기간이 2년도 채 안 되는데요. 가장 큰 교체 이유가 배터리 때문입니다. 예전에는 배터리를 교체할 수 있었는데 요즘은 일체형이라서 성능이 떨어지면 핸드폰을 바꿀 수밖에 없습니다. 심지어 애플은 구형 아이폰의 배터리 수명을 빨리 닳도록 해서 신형 아이폰 구입을 유도한 '배터리 게이트'로 소비자에게 거액의 배상금을 내기도 했죠. 저는 4년까지는 어찌어찌 버텨봤는데 배터리가 너무 빨리 닳아서 그 이상은 도저히 못 쓰겠더라고요.

EU에서는 스마트폰을 최소 5년 이상 사용하는 것을 목표로 하는데요. 배터리 성능을 개선하거나 네덜란드 사회적 기업 공정폰Fair Phone(원료 채굴부터 제품 생산·폐기까지 인권 침해가 없도록 전 과정을 투명하게 관리하는 휴대폰)처럼 모듈화된 기기로 만들어 누구나 손쉽게 부품을 교체하거나 수리할 수 있도록 방법을 찾아야 합니다. '스마트폰 10년 쓰기'를 목표로 한 소비자 행동으로 생산자가 해법을 더 빨리 제시하게끔 압박하는 것도 방법이고요.

인라이튼의 **배터리뉴 서비스**라는 재미있는 사례가 있습니다. 무선 청소기의 배터리를 재생하는 서비스로 유명해진 청년 기업인데요. 무선 청소기는 사용이 편리한 대신 배터리를 충전해야 하죠. 스마트폰처럼 배터리 성능이 떨어지면 통째로 교체하거나 청소기를 버려야 하는데요. 인라이튼은 배터리 자체를 간단하게 재생해서 사용하는 방법을 보여줍니다.

이렇게 조금만 손을 대면 제품을 오래 쓸 수 있는데 방법을 몰라 멀쩡한 제품을 버리는 사례가 얼마나 많겠어요. 저희 집에도 고장 난 무선 마우스가 있었는데 고칠 수 있을 것 같아서 보관하다 결국 쓰레기로 버렸습니다. 한 지인은 선풍기의 안전망 테두리가 파손되었는데 부품을 구할 수 없어서 버렸다고 하더군요.

전자제품을 수리해서 오래 쓰는 건 너무나 당연한 이야기인데요. 솔

직히 우리가 알아서 고치기란 어려워요. 기업이 알려주는 것도 아니고요. 그래서 저는 일단 문제를 파악하는 것이 해결의 출발점이라고 생각합니다. 고장 사례를 차곡차곡 모아 고치는 법을 제시하는 수리 전문가의 의견을 취합하면 어떨까요?

이렇게 하면 생산자가 '일부러' 외면하고 소비자는 '몰라서' 호구가 된 문제를 수면 위로 드러낼 수 있을 것입니다. 문제가 드러나면 무엇을 바꿔야 할지도 뚜렷해질 테고 소비자 행동의 방향도 명확하게 잡힐 거고요. 그래서 저는 전자제품 오래 쓰기 모임을 만들어 소비자의 집단지성을 모으는 활동을 제안합니다.

전자제품 역시 재사용이 중요한데요(이 내용은 의류부터 시작해서 입이 닳도록 이야기하고 있죠). 특히 부품 재사용이 활성화되어야 합니다. 우리나라는 자동차 부품 재사용은 활발한데 전자 기기 부품의 재사용은 거의 안 되고 있어요. 전자제품 EPR에서도 별다른 노력을 안 하고요. 부품 재사용률을 높이는 정책이 절실한 이유입니다.

부품 재사용은 언뜻 피부에 와닿는 얘긴 아니지만, 프린터 카트리지처럼 소비자들이 바로 느낄 만한 내용도 있습니다. 가정에서는 못 쓰게 된 카트리지를 쓰레기로 버리는 경우가 많은데요. 카트리지를 분해한 후 다시 잉크를 채우면 새것처럼 쓸 수 있습니다. 한국은 연간 사용되는 카트리지가 약 2000만 개인데 이 중 500만 개만 수거해 재사용하고 있어요(2014년 기준). 많아 보여도 대부분 공공기관이나 기업에서 수거한 것이고 가정은 재사용 사각지대입니다.

프린터 생산자가 회수하는 프로그램이 있긴 한데요(삼성프린터 Green

Campaign, HP 소모성 재활용 프로그램, Canon 폐카트리지 회수 안내). 이 프로그램은 카트리지를 파쇄해서 플라스틱 등 소재별로 재활용하는 것이지 재사용이 아니죠. 생산자는 카트리지 재사용을 좋아하지 않습니다. 새 제품을 많이 팔아야 하는데 재사용하면 새 제품 판매 시장이 줄어들 테니까요. 그나마 요즘은 카트리지 재활용도 제대로 되지 않아 프린터를 해체하는 재활용업체가 카트리지 처리에 골치를 앓고 있다고 합니다.

이를 보다 못한 전국 제로 웨이스트 매장이 가정에서 배출되는 카트리지 수거에 나서고 있는데요. 사용하고 난 카트리지를 모아 재사용업체로 보내는 캠페인을 하고 있습니다. 그런데 앞으로는 이런 캠페인을 넘어 좀 더 적극적인 행동이 필요해요. 생산자가 카트리지를 책임지고 재사용하도록 소비자가 적극적으로 요구해야 합니다.

카트리지 재사용·재활용 문제는 전자제품 EPR에 난 구멍 중 하나이기도 합니다. EPR 제도가 모든 제품에 적용될 필요성이 있다는 사실은 앞에서도 이미 강조했는데요. 제도가 조속히 개선되도록 소비자들도 관심을 쏟아야 합니다. 하다못해 USB 같은 작은 것들도 모아서 재활용해야 하고요. 스마트폰을 교체할 때마다 이어폰이나 충전기가 딸려 오는 세트 방식도 바뀌어야 합니다. 소비자가 요청하면 주고 별도의 소모품을 안 받을 땐 가격을 깎아주면 좋겠습니다.

앞에서 디지털 시대의 그늘 중 하나로 희소금속 광산 채굴로 인한 문제를 꺼냈는데요. 이 문제를 해결하려면 전자 쓰레기를 재활용해서 희소금속을 얻어야 하잖아요. 그런데 희소금속은 전자제품 내에 극미량 들어있어서 재활용이 쉽지 않거든요. 고도의 기술력이 필요한데, 우리나라 도시 광산 기업의 기술력은 벨기에 유미코아Umicore 등 해외 유명 기업에 비해 여전히 낮은 수준입니다. 추출할 수 있는 희소금속의 종류는 약 30가지로 많지만, 국내 도시 광산 기업이 대부분 중소기업으로 영세하기 때문에(10인 이하 중소기업이 60% 차지) 기술력이 높은 해외 기업으로 자원이 유출되어 가공된 후 다시 수입되고 있습니다.

글로벌 전자 업체들은 재생 원료 사용 확대 계획을 발표하고 있는데요. 애플은 2021년 자사 제품에 사용된 원료 중 재생 원료 비율이 20퍼센트였다고 하죠(알루미늄 59퍼센트 희토류 45퍼센트). 앞으로 재생 원료 사용은 늘리고 플라스틱은 줄이겠다고 합니다. 구글도 2020년 모든 제품에 재생 원료를 쓰겠다고 발표했죠. EU도 리튬 배터리에 재생 리튬을 의무적으로 사용하겠다고 밝혔고요.

도시 광산 기술과 산업은 생태계 보호뿐만 아니라 국내 전자산업 경쟁력 확보를 위해서도 꼭 필요합니다. 더 많은 희소금속을 효율적으로 추출할 수 있는 기술을 개발하고 도시 광산 기업 규모도 키워서, 국내에서 발생하는 전자 쓰레기 안에 든 희소금속을 전량 회수해 사용할 수 있도록 해야 합니다. 귀중한 자원이 해외로 빠져나가지 않도록 말이죠. 전자제품 생산자도 국내 전자 쓰레기에서 추출한 희소금속을 의무적으로 사용해야 하고요.

이와 함께 통계 개선도 필요한데요. 국내 전자 쓰레기의 재활용률은 알 수 있지만 그중 희소금속이 몇 종류고 얼마나 추출되어 사용되었는지는 구체적으로 알 수 없습니다. 도시 광산 산업이 제대로 작동하는지 의문스러운 대목이죠. 무늬만이 아니라 속도 알찬 도시 광산 산업이 되려면 물질의 전 과정을 끝까지 추적해서 정확한 재활용량을 파악해야 합니다.

지금까지 스마트한 세상의 그늘진 곳을 두루 살펴봤는데요. 어렵죠? 디지털 기술이 보여주는 혁신에 다들 열광하는 지금, 전자기기로 세상이 편리해진 것 같지만 어두운 면도 많습니다. 기술이 보여주는 혁신에 마냥 들뜨지 말고 디지털 세계의 그늘에도 관심을 가져주세요. 그늘 밑에서 죽어가는 존재들이 없도록 우리가 함께 주시해야 합니다.

1

건설 쓰레기와
쓰레기 처리시설

짓는 것의 무거움

이 사안은 주로 관련 토론회에서 전문가나 관계자들이 논의하는 문제인데요. 우리가 당면한 쓰레기 문제를 알려면 소비자도 이 주제와 대면해야 합니다. 매해 발생하는 쓰레기의 절반이 건설 쓰레기거든요. 특히 수도권 지역은 건설 쓰레기 때문에 쓰레기 처리시설을 둘러싼 갈등이 연쇄적으로 확산되는 상황이죠. 수도권매립지에 쓰레기 반입을 줄이려면 지자체별로 소각장을 지어야 하는데요. 곳곳에서 소각장 설치를 둘러싼 갈등이 고조될 수밖에 없어요. 건설 쓰레기는 우리의 일상과는 떨어져 있지만 미래를 위협하는 문제이기도 합니다. 보이지 않는다고 위험이 없는 건 아니니까요. 눈에 띄지 않는 쓰레기까지 감지하는 것이 '쓰레기 감수성'입니다.

탄소 먹은 돌멩이가
시멘트가 되기까지

현대 사회에서는 건물을 짓고 부수는 게 죄짓는 일이 아닐까 싶은데요. 한없이 늘어나는 쓰레기를 처리할 시설 때문에 곳곳에서 치유할 수 없는 갈등이 생기고, 건물을 짓고 유지하는 데 드는 엄청난 에너지는 기후 위기를 심화합니다. 유엔환경계획에 따르면 2019년 기준으로 건물 분야가 전 세계 온실가스 배출량의 39퍼센트를 차지하는데요. 건물을 짓는 과정에서 11퍼센트, 건물 내 에너지 사용으로 28퍼센트를 배출합니다.

앞으로 40년간 세계 곳곳에 매월 뉴욕 규모의 도시가 세워질 거로 예상하는데, 우리나라도 매해 대전보다 큰 규모의 건물이 지어지고 있습니다. 한 번 지으면 수백 년은 사용해야 할 텐데 30년도 되기 전에 부수고 다시 짓죠. 우리나라 건물 중 30년 이상 된 건물은 전체 면적의 17퍼센트입니다. 시간이 지날수록 부실 건축물이 증가할 테고 건설 쓰레기로 인한 문제는 더욱 심각해질 것입니다.

건물을 짓는 데 사용되는 자재는 여러 가지가 있는데, 주요 자재이자 불명예스러운 낙인이 찍힌 논란의 물질, 시멘트부터 파헤쳐 보겠습니다. 쓰레기 문제를 일으키지만 처리하는 데 기여도 하는 여러 얼굴을 가진 복잡한 물질입니다.

우리는 화석연료에서만 온실가스가 배출된다고 생각하는데 건물을 짓는 데 드는 시멘트도 마찬가지입니다. 시멘트는 석회석을 주원료로 규소 알루미늄 철 등을 섞어 1,450도 고온에서 구워 만드는 건설자재인데요. 석회석의 화학식($CaCO_3$)을 보면 칼슘에 탄소가 붙어있죠. 석회석도 땅속에 묻혀 있는 일종의 탄소잖아요. 시멘트 제조 과정 자체가 고온으로 구울 때 이산화탄소를 날려 보내는 공정이니 이산화탄소 배출량이 클 수밖에 없죠.

시멘트 1톤을 생산하려면 0.8톤의 온실가스가 배출되는데요. 석회석 원료에서 약 60퍼센트, 연료 및 전력 소비로 배출되는 양이 40퍼센트 정도입니다. 2019년 기준으로 우리나라 시멘트 산업에서 나온 양은 온실가스 배출량의 5.6퍼센트로 산업 부문 배출량의 10퍼센트를 차지해요. 전 세계 시멘트 산업을 하나의 국가로 본다면 '시멘트국'은 세계 4위 온실가스 배출국일 거라고 합니다.

온실가스가 야기하는 기후 위기에 대응하려면 자동차와 에어컨 사용을 줄이는 것도 중요하지만 근본적으로는 도시 구조가 바뀌어야 한다고 봅니다. 수리보다 신축을 추구하는 도시계획은 문제가 있지 않나요? 30년도 안 된 아파트가 낡아서 위험하다는 재건축 진단에 경축 현수막을 거는 웃픈 현실이죠.

한편 시멘트 하면 피해 갈 수 없는 주제가 바로 '쓰레기 시멘트'입니다. 쓰레기 시멘트는 시멘트 제조공정에서 연료와 원료로 쓰레기가 사용된다는 점을 꼬집은 말인데요. 소비자들이 문제점을 선명하게 인식할 수 있다는 의견과 혐오에 기반한 낙인이라는 불만이 있습니다. 이 말은 어디서 왔을까요?

시멘트 회사는 석회석을 구울 때 유연탄을 연료로 사용하는데요. 비용도 드는 데다 온실가스 배출도 증가시키니 골치 아프죠. 그래서 연료비용과 온실가스를 줄일 목적으로 플라스틱 쓰레기 등을 유연탄 대체 연료로 쓰고 있어요. 이렇게 하면 온실가스 배출도 줄이고 유연탄 비용도 아끼며 쓰레기 처리 비용까지 받을 수 있으니 일석삼조죠.

유럽이나 일본, 미국 등 해외도 마찬가지입니다. 우리나라는 쓰레기로 유연탄을 30퍼센트 정도 대체하고 있는데 유럽은 평균 50퍼센트 정도로 비중이 더 높아요. 독일 회사들은 무려 70퍼센트 가까이 되고요. 유럽은 우리보다 먼저 대체 작업을 시작했는데 오래된 만큼 쓰레기를 사용하는 양도 상대적으로 많습니다. 그런데 시멘트 연료나 원료에 쓰레기가 들어가면 유해성은 어떨까요?

우리는 24시간 내내 시멘트와 함께하죠. 시멘트로 지은 집에서 살고 건물에서 일하며 시멘트로 포장된 길을 걷잖아요. 시멘트 제조에 쓰레기가 사용된다는 사실을 무겁게 인식할 수밖에 없습니다. 실제로 쓰레기 투입이 늘면 시멘트 내 중금속 함량도 증가하는데 이 부분이 인체에 문제를 일으킬지가 쟁점입니다. 하지만 이 문제가 논란만 되고 결론이 없는 이유는 중금속 함량에 관한 기준이 없기 때문인데요. 어처구니없게도 다른 나라도 마찬가지입니다. 보편적인 국제기준이 없어요. 시멘트 내부의 결합력이 강해 중금속이 시멘트 밖으로 잘 새어 나오지 않는다는 점을 그동안 크게 문제 삼지 않았거든요.

다만 중금속 관련 물질 중 육가크롬은 문제가 됩니다. 고온 공정에서 자연 상태의 크롬이 육가크롬으로 전환되므로 시멘트 제조 과정에서 함량이 인위적으로 높아지니까요. 육가크롬은 신체에 문제를 일으키는데 콘크리트를 반죽할 때 물에 녹은 육가크롬이 새어 나와 노동자의 피부에 발진이 일어난 사례도 있습니다.

우리나라는 일본 사례를 따라 2009년부터 자율 협약 기준으로 육가크롬에 관한 함량 기준(킬로그램당 20밀리그램)을 정해 관리하고 있습니다. 이와 달리 유럽 기준(킬로그램당 2밀리그램)은 한국에 비해 매우 강한데요. 시험방법이 달라서 단순 비교는 어려워요. 그런데 2022년 국립환경과학원에서 유럽의 시험법을 적용해 국내 시멘트를 검사한 결과 EU 기준치보다 최대 4.5배까지 높게 나왔습니다. 유럽 시험방법이 우리나라 시험기관에 익숙하지 않아 검사 결과의 정확성이 논란이 되지만 소비자는 불안해질 수밖에 없어요. 유럽 기준과 상관없이 국내 시멘트의 중금속 안전 문제는 잘 관리해야 합니다.

국내 시멘트 공장에서 사용하는 쓰레기양은 계속 증가세를 보입니다. 2020년에 약 170만 톤을 연료로 사용했는데요. 2014년 96만 톤 대비 2배 증가했고요. 앞으로도 당분간 더 늘어날 것으로 예상합니다. 그러니 유해성이 입증되지 않았다고 넘어갈 게 아니라 중금속 모니터링과 인체 위해성 연구를 더 집중적으로 해서 유해 물질 관리 기준을 명확하게 만들어야 합니다.

그런가 하면 쓰레기 시멘트가 아토피를 유발한다는 주장도 있는데요. 육가크롬의 예를 보면 가능성이 전혀 없다고 단정할 순 없습니다. 그렇지만 시멘트가 굳으면 육가크롬이 떨어져 나올 가능성이 매우 낮아 아토피의 원인물질이 될 가능성은 크지 않다고 봅니다. 해외에서도 아직 시멘트와 아토피가 인과성을 밝힌 연구 결과가 없고요.

그렇지만 이런 주장도 전문 기관이 철저하게 조사해서 소비자 불안을 해소해야 합니다. 시멘트 업체들도 쓰레기를 원료로 쓸 땐 쓰레기 재활용률을 높이고 탄소 배출을 줄인다는 홍보 대신 실질적인 연구에 노력을 기울여야 하고요.

재활용이 안 되는 플라스틱을 시멘트 공장에서 연료로 쓰면 쓰레기를 처리하는 데 도움이 되죠. 문제는 적정선이라고 봅니다. 무엇이든 '몰빵'은 좋지 않잖아요. 한 시설에 의존했다가 여러 요인으로 시설이 멈추면 쓰레기 대란이 날 수도 있으니, 쓰레기도 다양한 시설에 분산하는 편이 안정적이죠. 양면적인 위험 요소를 고려해 균형과 합의를 잘 찾아야 합니다.

건설 쓰레기 제대로 재활용되고 있을까?

우리나라에서 매해 발생하는 건설 쓰레기는 8700만 톤입니다(2020년 기준). 전체 쓰레기 발생량의 44퍼센트를 차지하는데요. 가로세로 100미터로 쌓아 올리면 8,700미터 높이의 빌딩이 됩니다. 잠실 롯데타워 16개를 합친 높이죠. 20년 동안 3.8배나 증가했는데 도시의 빌딩 숲이 빼곡해지는 만큼 건설 쓰레기 산도 더 높아지겠죠.

건설 쓰레기는 어떻게 재활용되고 있을까요? 환경부 통계를 보면 최근 5년 동안 평균 재활용률은 무려 98퍼센트입니다. 발생량을 걱정하다가도 재활용률을 보면 안심이 되는데요. 과연 통계처럼 건설 쓰레기는 원활하게 재활용되고 있을까요? 숫자에 일희일비하지 말고 이면을 봐야 합니다.

통계에서 재활용으로 집계된 것은 재활용업체로 반입된 양을 의미합니다. 건설 쓰레기는 대부분 콘크리트나 아스팔트 덩어리인데요. 재활용업체에서는 이것을 기계로 여러 차례 부순 다음 모래나 자갈로 재활용합니다. 전문 용어로는 순환골재라고 하죠. 그런데 재활용업체로 들어갔다고 해서 모두 재활용이 되는 건 아니고, 순환골재로 만들어졌다고 모두 사용되는 것도 아닙니다. 만들어놓고도 정작 사용하지 못한 골재들이 재활용업체 주변에 산처럼 쌓여있는 모습도 볼 수 있어요. 아깝죠. 돈과 에너지를 들여 만든 건데 다시 버려지니까요.

환경부 자료에 따르면 건설 쓰레기의 실질 재활용률은 75퍼센트 내외라고 합니다. 98퍼센트는 명목적 재활용률, 75퍼센트가 실제로 재활용한 양이라는 건데요. 이 비율도 높기는 하지만 건설 쓰레기 발생량을 생각하면 재활용되지 않은 양이 2200만 톤이나 되거든요. 생활 쓰레기 총 발생량과 맞먹는 어마어마한 양입니다.

순환골재는 대부분 콘크리트 골재용 고급 제품이 아니라 도로공사 등에 땅을 채우는 용도로 사용됩니다. 공사에 필요한 골재를 대체하니 의미가 없다고 할 순 없으나 이런 식의 저급 골재로만 쓰면 재활용의 미래가 있을까 싶어요. 한편에서는 콘크리트용 골재를 공급하려고 돌산을 깨뜨리고 있는데요. 다른 쪽에서는 건설 쓰레기를 재활용한 순환골재가 땅에 묻히는 저급한 방식으로만 활용되니까요. 어떻게든 재활용 수준을 높여 콘크리트용 천연골재까지 대체할 수 있어야 해요. 산을 깨뜨릴 필요 없이 건설 쓰레기를 재활용한 것만으로 골재 조달이 되는 순환구조가 만들어져야 합니다.

그럼 제대로 된 재활용은 어떤 형태일까요? 순환경제로 가려면 업사이클링을 해야 한다고 계속 강조했죠. 건설 쓰레기에도 해당하는 말입니다. 고품질 골재로 순환할 수 있도록 건설업체들의 책임을 강화해야 해요. 업체들이 건설 현장에서 분리배출을 잘해야 하고 순환골재도 많이 써야 합니다.

분리배출을 잘하려면 건물을 해체할 때 주의해야 하고요. 건물을 한꺼번에 부수면 쓰레기가 뒤죽박죽되잖아요. 나무는 나무대로, 창틀은 창틀대로 종류별로 각각 따로 뜯어야 합니다. 이것을 **분별 해체**라고 하는데요. 건물 철거할 때 반드시 의무화해야 할 사안입니다. 그리고 건물을 지을 땐 순환골재를 필수로 사용하고요.

이 내용은 현재 「건설폐기물재활용법」에도 있는데요. 건설업체 반발에 밀려 공공기관 발주 공사에만 적용됩니다. 공공기관 발주 공사는 금액 기준으로 전체 공사의 27퍼센트에 불과하니(2020년 기준), 민간 공사에도 이러한 의무가 적용되어야 폐기물 재활용 체계가 제대로 작동할 것입니다.

순환골재 의무 사용 제도에는 허점이 또 하나 있는데요. 순환골재가 천연 골재보다 가격이 비싸면 안 써도 된다는 예외 조항입니다. 가격이 높더라도 사용해야 순환골재 품질이 계속 나아지죠. 싼 것만 요구하면 딱 그만큼의 수준에서 만들어지지 않을까요. 이런 시장을 만들어놓고 건설사들은 골재 품질이 나빠 쓸 수 없다고 주장하는 형국인데요. 건설사에 사용 의무를 부여하고 수요자로서 품질 관리도 철저하게 요구해야 재활용 시장이 제대로 발전할 수 있습니다.

지금은 콘크리트 등에 사용된 골재만을 선별해서 다시 골재로 재활용하고 있는데요. 재활용 기술이 좀 더 발전하면 콘크리트에 사용된 시멘트까지 다시 시멘트로 재활용하게 될 거로 봅니다. 그야말로 시멘트 버전 닫힌 고리 재활용 체계를 만드는 거죠. 땅속 석회석을 캐내 시멘트로 만드는 공정이 온실가스를 엄청나게 배출하는 과정인데요. 시멘트를 재활용한다면 석회석 사용을 줄이게 되므로 기후 위기에 대응할 수 있을 겁니다.

해체를 위한 설계
재사용을 위한 똑똑한 해체

재활용에 앞서 재사용 목적으로 건설자재를 다시 쓸 수 있는 새로운 접근이 필요합니다. 제품도 재사용이 잘되게끔 설계해야 한다고 하잖아요. 인테리어도 마찬가집니다. 건설자재의 재사용을 고려한 설계 개념이 도입되어야 합니다.

네덜란드의 건축 회사 슈퍼유즈Superuse는 2005년 세계 최초로 건축

폐기물을 주자재로 현대식 주택 빌라 웰펠루Villa Welpeloo를 만들었고요. 2013년에는 영국 건축가 던컨 베이커 브라운Duncan Baker-Brown이 90퍼센트 이상 중고 자재를 사용해 브라이튼 웨이스트 하우스Brighton Waste House를 지었습니다. 이렇듯 재사용 방안은 다양합니다.

재사용을 염두에 둔 건물 설계는 **해체를 위한 설계**, 재사용 목적으로 진행하는 건물 해체는 **스마트 해체** 즉 똑똑한 해체라고 하는데요. 아직은 낯설지만 앞으로 건설자재 재사용에 관한 논의가 확장되면 익숙한 개념이 될 거예요. 순환경제란 우리가 가보지 않은 길을 가는 모험입니다. 새로운 시도, 새로운 접근이 필요하죠. 이를 위해 우리가 할 수 있는 몇 가지 방법을 제안합니다.

먼저 인테리어 시장에서 중고 자재 사용 모델을 개발하는 작업입니다. 요즘 자영업자들의 휴폐업이 많잖아요. 매번 인테리어를 새로 하면 쓰레기 발생량도 늘고 비용도 드니까 내부를 뜯을 때 중고 자재는 따로 모아 쓸 수 있는 플랫폼을 만들면 좋겠습니다. 재사용할 수 있는 자재 목록을 만들어 공유하는 것도 필요하고요.

무엇보다 중요한 건 규제 강화인데요. 우리나라는 건설업체의 눈치를 보느라 법적 규제에 관해선 한 발짝도 못 나갔거든요. 또 개인 차원에서는 관련 지식을 알아야 합니다. 직접적인 소비자 행동은 어렵더라도 앞으로 있을 대형 건설사들과의 싸움에 목소리를 내려면 열심히 공부해야죠.

소각장은
어디에 지어야 하나

이제 건설 이면의 문제를 살펴보겠습니다. 바로 처리시설인데요. 2021년 「폐기물관리법」이 개정되어 수도권 지역은 2026년 1월, 그 외 지역은 2030년 1월부터 생활 쓰레기 매립이 금지됩니다. 기한이 얼마 남지 않은 지금 매립장으로 가는 쓰레기를 어떻게 처리해야 할까요?

서울에선 하루 1,000톤의 쓰레기를 매일 매립장으로 보내고 있어요. 당장은 쓰레기를 줄이고 재활용하기 어려우니 하루 1,000톤 이상 처리할 수 있는 초대형 소각장이 필요합니다. 그런데 소각장에 비해 환경영향이 크지 않은 재활용품 선별 시설을 지하에 짓는 것도 주민들이 반대하는 마당에, 전국에서 가장 큰 소각장을 어디에 지을 수 있을까요?

법적 문제 외에도 수도권매립지를 앞으로 계속 사용할 수 있을지는 미지수입니다. 1992년부터 매립을 시작했는데 인천 시민들은 계속 반대하고 있어요.

현재 매립지는 길게는 2042년까지 쓸 수 있을 텐데요. 수도권매립지만 문제가 아닙니다. 전국 매립장 평균 수명이 30년 정도밖에 안 돼요. 매립장 수명은 쓰레기 증가 속도와 반비례해서 짧아지는데 수명을 연장할 해법이 보이지 않습니다. 쓰레기 대란이 점점 다가오는데 정작 우리는 위기를 전혀 못 느끼고 있어요. 이러다 어느 순간 자고 일어나면 집 앞에 쓰레기가 쌓여있을 수도 있습니다.

쓰레기를 처리하려면 시설이 필수인데 시설 짓기는 점점 더 어려워지고 있어요. 쓰레기 처리시설이 들어서는 것을 좋아하는 주민은 없죠. 대부분 반대합니다. 머리띠를 두르고 시청 앞으로 몰려오기도 합니다. 흔히 주민 반대를 님비현상, 쓰레기 처리시설을 혐오시설이라고 하죠. 일단 이런 용어부터 바꿔야 합니다. 감정이 격화되는 싸움일수록 감정이 배제된 말을 쓰는 게 좋거든요. 혐오시설 대신 비선호 시설, 님비 대신 비선호 시설 입지 갈등으로 표현하는 것이 좋습니다.

아무리 공공을 위한 거라지만 쓰레기 처리시설이 자기 집 근처로 오면 쾌적한 곳에 살 권리가 침해되잖아요. 주민들 주장을 이기심의 잣대로 보지 말고 정당한 권리행사라는 관점에서 접근해야 갈등의 실마리를 찾을 수 있습니다.

한편으론 주민 반대가 순기능도 있어요. 쓰레기를 너무 쉽게 처리하면 쓰레기에 대한 문제의식이 사라지잖아요. 유럽의 환경단체들은 가정에서 배출되는 재활용품을 한 달에 한 번만 수거해야 한다고 주장합니다. 대개 격주로 수거하는데 이것도 많다는 거죠. 쓰레기 처리시설을 원할 때마다 쉽게 짓는다면 쓰레기를 줄이거나 재활용할 필요성을 못 느끼게 되지 않을까요?

배출자의 책임과 희생 없이 문제 해결은 없다

처리 시설은 배출자인 우리의 태도를 결정하기도 합니다. 예를 들어 효율성과 대안 부재를 앞세워 중앙 집중형 대규모 시설을 짓자는 주장은 다수의 강한 게으름을 유도하죠. 대형 소각장을 지어 쓰레기를 편하게 태워 버린다면 개인도 지자체도 신경을 덜 쓰게 될 테니까요. 시설로 쓰레기를 보내는 다수는 편리할지 몰라도 시설 주변의 소수는 불편함을 감수해야 합니다. 불공정한 거죠.

그렇다고 효율을 마냥 무시할 순 없으니 일정 규모 이상의 시설은 불가피하다고 봅니다. 하지만 각자의 쓰레기를 끝까지 책임지겠다는 자세 없이 무조건 큰 시설을 짓자는 주장은 주변 지역 주민들을 설득하기도 어려울 뿐만 아니라 쓰레기 문제 해결에도 도움이 되지 않습니다.

서울시는 2026년 수도권 매립 금지에 대응하려는 방편으로 하루 1,000톤 정도의 쓰레기를 수용할 수 있는 소각장을 지으려고 하는데요. 이 정도 규모의 소각장을 지으려면 짚어봐야 할 문제가 있습니다. 서울시는 25개 구로 이뤄져 있는데 '쓰레기 배출자로서 각 구는 무엇을 할 것인가'라는 것입니다. 서울시만 바라보면서 어딘가에 대규모 소각장을 지어 문제를 해결해 주기만을 기다리면 안 되잖아요. 사소

한 불편도 감수하려 하지 않으면서 쓰레기를 떠넘길 셈이면 누가 받아 주겠어요.

쓰레기 소각 및 매립 양을 줄이기 위해서 각 구에서도 필사적으로 노력해야 합니다. 돈으로 때울 생각은 말고 주민이 동참하는 활동을 고민해야죠. 바로 **제로 웨이스트 인프라와 프로그램을 구체적으로 어떻게 만들 것인가?** 하는 문제입니다. 이를 위해 구에서 해야 할 몇 가지를 제안합니다.

- 동네마다 제로 웨이스트 매장과 재활용품 수집소, 재사용·업사이클 매장을 촘촘하게 깔고 주민들의 실천을 유도한다.
- 종량제봉투 가격을 현실화하고 쓰레기를 버리는 만큼 부담을 지게 한다.
- 분리배출을 제대로 하지 않는 주민에게는 과태료를 부과한다.
- 종량제봉투를 뜯어서 재활용할 수 있는 것들을 다시 한번 선별하는 처리 시설을 구별로 설치한다.

현실성 없는 이야기인가요? 쓰레기 문제와 관련한 민원이 빗발칠 것 같나요? 누군가에게 쓰레기 처리시설 설치를 강요하려면 쓰레기를 배출하는 이도 그만큼 고통을 감수하고 노력하는 모습을 보여줘야 합니다.

요즘 충청 지역에서는 매립장을 지으려는 민간 사업자와 주민 사이에 갈등이 심한데요. 사실은 수도권 지역의 쓰레기를 농촌으로 떠넘기려

다 발생한 문제입니다. 수도권에는 매립장을 짓기 힘들어서 그렇다는데 다른 지역에 비해 설치가 어렵긴 해도 불가능하진 않아요. 그러니 충청 지역민들에겐 쓰레기를 떠넘기는 걸로 비춰지는 거죠. 어쨌거나 생활 쓰레기든 사업장 쓰레기든 광역 간 이동에 대해서는 확실한 불이익을 주고 각 지역의 쓰레기는 각자 책임지게 해야 합니다.

배출자의 책임과 희생은 쓰레기 처리시설 입지 갈등을 푸는 가장 중요한 출발점입니다. 이것을 기반으로 다양한 접근이 필요한데요. 우선 쓰레기 처리시설에 대한 편견을 줄일 수 있게 꾸준한 대국민 홍보와 교육이 필요합니다. 소각·매립 시설의 환경오염에 필요 이상의 공포를 느끼는 주민들도 많은데요. 단기간에 해소될 문제가 아닙니다. 주민들에게 꾸준히 정보를 제공하고 시설 견학으로 직접 확인할 수 있도록 해야 합니다.

비선호 시설의 이미지를 상쇄할 전략도 필요하고요. 처리시설이 랜드마크가 될 수 있도록 외관을 멋지게 짓는 것도 방법이죠. 소각시설 위로 스키장을 조성하거나 굴뚝에 레스토랑을 만드는 식으로요. 일단 첫인상이 중요하잖아요.

경기도 하남에는 소각시설을 지하에 설치하고 굴뚝만 지상에 올려 공원으로 만든 사례도 있습니다. 그 외에도 지역의 가치를 올릴 맞춤형 시설들이 함께 들어가야 하는데요. 젊은 인구가 많거나 어린아이가 많이 거주하는 지역에는 교육인프라가 대폭 확대되면 좋겠죠. 노인 인구가 많을 땐 좋은 요양 시설을 고려하고요.

그러나 사실 현장에서는 이런저런 이론이 크게 도움 되진 않습니다.

하남 유니온 타워·파크

경기도 하남시의 환경기초시설

지하에는 소각 처리시설·재활용 선별 시설·음식물 자원화시설·하수처리시설 등이 설
치되어 있고, 지상에는 잔디 광장·어린이 물놀이 시설·다목적 체육관·야외 체육시설
등 공원을 조성했다. 소각장 굴뚝(유니온 타워)을 전망대로 활용하는 등 하남시를 대표
하는 랜드마크가 되었다.

슈피텔라우Spittelau
오스트리아 빈의 소각장. 알록달록한 아름다운 외관으로 유명하다. 오스트리아의 가우디로 불리는 훈데르트 바서가 1987년 소각장 리모델링을 할 때 외관 작업을 했다. 연간 60만 명이 찾는 유명 관광지이기도 하다.

아마게르 바케 Amager Bakke
덴마크 코펜하겐의 열병합발전소. 40년 된 소각장을 리모델링하면서 파격적인 설계를 선보였다. 옥상을 스키장'으로 조성해 도심에서 스키를 탈 수 있는 새로운 산을 만든 것으로 '코펜힐'이라는 별명이 있다.

이론의 잣대로 현장의 다양한 갈등을 풀기는 어렵거든요. 한 지역에서 성공한 방법이 다른 지역에서도 통한다는 보장도 없고요. 상황과 사람 모두 제각각이니까요. 주변 지역 주민과의 소통으로 신뢰를 형성해 가는 방법이 가장 빠른 길이고, 무엇보다도 쓰레기를 덜 내보내고 쓰레기에 대한 이해도를 높이는 것이 근본 해결책이 될 것입니다.

나가며

쓰레기 너머의 쓰레기

저의 책 『우린 일회용이 아니니까』가 세상에 나온 지 벌써 3년이 되어갑니다. 이후 쓰레기에 대해서는 새로 쓸 이야기가 없다고 생각해 왔는데요. 그 생각은 편집자 숙자와 쓰레기박사를 만나 바뀌게 되었습니다.

숙자와 홍수열 쌤이 망원동에 온 날, 우리는 비건 식당에서 밥을 먹으며 '쓰레기 너머의 쓰레기'를 이야기했어요. 그날 저는 하고 싶은 이야기가 남아 있다는 사실을 두 분을 통해 깨닫고 말았죠. 뭐랄까, 앞이 캄캄한 현실에 회의를 느끼면서도 서로서로 기대어 나아가는 회의적 행동주의자들의 연대였습니다.

이야기 끝에 탄생한 쓰레기 세미나(자칭 '쓰레기 최고위 과정')에서 우린 랜선 너머로 매회 300여 명이 넘는 쓰레기 덕후들과 만나게 되었어요. 개인을 넘어 사회 차원의 쓰레기덕질이 시작된 거죠. 강의 전부터 미리 유튜브에 접속해 기다려 준 쓰레기 덕후들, 재치 있는 아이디어와 위로가 넘치던 실시간 댓글들, 우리의 대담은 매번 케미가 넘쳤고 그 힘으로 이렇게 책까지 나오게 되었어요.

강의 후 댓글로 수많은 플라스틱 어택을 제안받기도 했는데요. 그중 '빵칼 어택'에 바로 시동이 걸려 어택이 열렸고 덕후들은 빵칼을 반납하며 편지를 썼어요. 결국 한 달 만에 롤빵 상자에서 칼이 빠지게 됐죠. 저는 어택으로 작은 승리를 일궈나가는 모습에서 "위대한 일은 충동적으로 이루어지는 것이 아니라, 꾸준한 작은 일들이 한데 모여 이루어진다"는 반 고흐의 말을 떠올렸습니다.

이 책에는 쓰레기의 절망과 희망이, 개인의 실천과 사회 제도의 변화가 모두 들어 있어요. 그동안 깊게 다뤄지지 않았던 건설 폐기물, 음식물 쓰레기와 소각장 문제 같은 이슈도 촘촘히 담겨 있고요. 쓰레기 덕후라고 자부해 왔지만 저도 이번 홍수열 쌤 강의는 빨간 줄을 쳐가며 새겨들었답니다. 부디 쓰레기 덕후들과 정책 입안자들 모두 저처럼 열심히 읽어주시면 좋겠어요.

『살다, 생각하다, 바라보다』라는 책에는 "어떤 이유에서든 우리의 삶을 재배열할 힘을 갖지 못한 책들은 완전히 잊힌다. 하지만 우리와 함께 머무는 책은 우리가 된다."라는 말이 나옵니다. 이 책이 쓰레기 곁에, 그리고 우리와 함께 머무는 책으로 우리의 삶을 바꿔내기를 바랍니다. 끝으로 꾸준히 행동하는 쓰레기 덕후들, 저자보다 더 저자 같은 편집자 숙자, 쓰레기 대담 실무를 맡아준 서울환경연합 활동가들 그리고 홍수열 쌤께 감사드리며 쓰레기박사의 어록으로 마무리합니다. 절망의 반대말은 희망이 아니라 행동입니다.

망원동에서

고금숙

o 쓰레기박사와 금자가 각자의 자리에서 제로 웨이스트 활동을 펼치는 분들을 초대해 개인적 실천부터 커뮤니티와 캠페인, 재사용과 제로 웨이스트 비즈니스까지 폭넓게 나눈 이야기를 정리했습니다.

o 대담은 총 2회(2021년 10월 8일, 22일) 플라스틱 방앗간에서 유튜브 채널로 실시간 중계되었습니다.

제로 웨이스트 라이프 그 진화의 흔적들

대담한 쓰레기 대담 : 쓰레기 연대의 방향

- 첫 번째 대담 '비즈니스'편
- 두 번째 대담 '활동'편

우리들의 쓰레기 연대

첫 번째 대담 '비즈니스'편

이세형 성지윤 강민정 고금숙 박경연 손세라 곽재원 김지현 (왼쪽부터 시계방향)

대담한 쓰레기 대담
오픈 세미나 쓰레기 연대의 방향 ①

진행자 고금숙
함께한 분들

이세형

2016년 광주 송정마을에 '협동조합이공'을 설립했고, 2017년 청년 플랫폼 '카페이공'을 열어 제로 웨이스트 매장과 비건 식당을 운영하고 있다. 기후 위기 시대에 대안적인 삶, 지속 가능한 삶을 지역 주민들과 고민하며 김지현과 함께 '카페라떼클럽'에서 활동하고 있다.

ⓞ cafe20_2roun0gan

김지현

공공활동 기획자. 2019년에 만든 '카페라떼클럽'을 운영 중이다. 카페에서 수거한 종이팩을 포인트나 화장지로 교환해 지역사회에 돌려주는 순환 모델을 만들었다. 지역 사람들을 연결하고, 지역에 무엇이 필요한지 질문을 던지고 있다.

ⓞ cafe_latte_club

손세라

네이버 카페 '제로웨이스트 홈' 공동 운영자. 다큐멘터리 <순환경제사회, 쓰레기는 자원이다>를 제작했다. 카페를 통해 풍선 날리기 행사를 반대하고 화장품 용기에 재활용 표기를 요구하는 등 활발하게 활동 중이다. 현재 국제 환경단체인 리루프에서 일하고 있다.

cafe.naver.com/zerowastehome

성지윤

도봉구 최초로 연 제로 웨이스트 매장 '안녕상점' 운영자. 2018년 함께 공동육아 하는 엄마들과 '안녕협동조합'을 만들고 기후 위기에 대응하기 위해 상점을 열었다. 지역 내 환경 교육을 진행하며 친환경 제품을 만들어 판매하고 있다.

🄾 dodammaeul

박경연

그물코협동조합에서 운영하는 보탬상점에서 일하고 있다. 보탬상점은 지구에 보탬·마을에 보탬·살림에 보탬이 된다는 뜻으로 재사용 제품과 제로 웨이스트 물품을 판매하고, 환경 교육·캠페인 등 환경운동의 플랫폼이다.

🄾 botaemsangjeom

곽재원

국내 처음으로 다회용기 대여 업체 '트래쉬버스터즈'를 만들었다. 대여한 용기를 수거 후 세척해 주는 시스템을 구축하고 있다. 현재 사내 카페와 탕비실, 축제, 영화관 등에 서비스를 제공하며, 재사용 문화와 함부로 버리지 않는 라이프스타일이 자리 잡을 수 있도록 노력하고 있다.

trashbusters.kr

강민정

아름다운가게의 서울 지역 매장과 센터를 총괄하고 있다. 2021년 송파가락점에 되살림 가게와 제로 웨이스트 팝업스토어를 오픈하고 주민들에게 친근하고 친환경적인 매장이 될 수 있게 애쓰고 있다.

beautifulstore.org

고금숙　　안녕하세요. 강연은 잘 들으셨나요? 지금부터 '쓰레기 대담'을 시작해 보겠습니다. 주제는 강연의 핵심 키워드였던 제로 웨이스트인데요. 요즘 제로 웨이스트 라이프는 하나의 운동으로 굳어졌죠. 한국 사회에서 제로 웨이스트는 어떤 모습으로 진화할까요? 어떤 방향으로 나아갈지, 이 분야로 '먹고사니즘'은 가능할지 현장에 계신 분들과 구체적으로 이야기 나눠보려고 합니다. 재사용 비즈니스, 커뮤니티 등 다양한 관련 분야에서 일하는 분들을 초대했어요. 먼저 광주에서 활동하는 이세형 님과 김지현 님께 여쭤볼게요. 어떤 활동을 하고 계시나요?

지역 커뮤니티
자원순환의 길

이세형　　안녕하세요. 저는 KTX 송정역 근처에서 제로 웨이스트 매장, 비건 식당, 비건 카페를 아우르는 '송정마을카페이공'을 운영하고 있습니다. 쓰레기로 버려질 수 있는 자원들의 순환과 쓰임에 대해 고민하는 '우리동네 회수센터'도 같이 운영하고 있어요.

김지현　반갑습니다. 이세형 님과 카페이공에서 활동하고 있어요. 종이팩을 버리지 않고 수명을 연장할 방법을 고민하는 '카페라떼클럽'을 기획하기도 했고요. 광주에서 자원순환 관련해서 어떻게 보면 뉴비(풋내기)로서 열심히 잔소리하는 역할을 하고 있죠.

고금숙　카페이공은 어떻게 운영되나요?

이세형　제가 원래 서울에 살다가 도시 생활이 지겨워 광주로 내려왔어요. 여기서 뭘 할까 고민하다가 청년운동을 시작했어요. 2017년부터 청년 플랫폼 카페이공을 커뮤니티 공간으로 운영하다가 김지현 님을 만났고, 지현 님 제안으로 2020년엔 카페 한쪽에 팝업 숍으로 '한걸음가게'를 열었어요. 지금은 광주 최초의 제로 웨이스트 매장이 됐네요. 처음에는 저희도 일반 카페처럼 테이크아웃 컵으로 일회용 컵을 사용했어요.

고금숙　왜 바꾸게 되었나요?

이세형　조합원 중에 환경단체 회원이 많다 보니까 기후 위기 시대에 일회용 컵을 쓰는 게 맞는지 의문을 가졌어요. 우리 청년들이 뭘 할 수 있을지도 고민했고요. 그러다 제로 웨이스트 팝업매장을 운영하면서 문제의식이 생겼고 2021년 1월부터는 텀블러 대여 시스템을 도입했어요.

고금숙　두 분은 어떻게 만나셨어요?

김지현　처음에는 환경운동연합에서 환경교육을 듣다가 안면을 텄고요. 이후 제가 카페이공에서 사진전도 하고 시민교육도 하면서 알게 됐어요. 아무래도 둘 다 제로 웨이스트에 관심이 있다 보니 친해지면서 신뢰하게 됐죠. 사실 광주에서 송정 지역은 외곽으로 여겨져요. 그런데도 팝업 숍을 운영한 45일 동안 많은 분이 찾아주셨어요. 광주뿐만 아니라 타지에서도 방문해 주셨고요. 가게를 따로 차리는 것보다 카페이공 안에서 조합원들과 잘 풀어가는 방식이 좋겠다는 판단에 운영 주체를 카페이공으로 넘기고, 저는 옆에서 열심히 도와주는 역할을 하고 있습니다.

고금숙　그럼 카페라떼클럽은 어떻게 만들어졌나요?

김지현　카페라떼클럽이 어떻게 보면 지금의 종이팩 붐을 일으켰다고 저희끼리 우스개로 얘기하는데요. 처음에는 행정에서 하는 종이팩 교환 사업(종이팩 1킬로그램을 가져가면 화장지로 교환해 주는 사업)이 소극적인 제도라고 생각했어요. 그래서 다른 방식의 종이팩 수거 활동은 없을까 고민하다 마을 주민과 카페 같은 지역 가게를 결합하는 모델을 생각했어요. 참여 카페에서 잘 씻어 모아둔 종이팩을 주민들이 정기적으로 수거해 모아뒀다가 주민센터에서 화장지로 교환하고, 마을 내 필요한 곳에 화장지를 전달하는 모델이에요. 광주 전역 같은 큰 규모의 지역이 아닌, 자전거로 이동하거나 걸어갈 수 있는 정도를 우리의 활동 지역 '마을'로 설정하고 주변 카페들을 섭외했어요. 2019년엔 세 형 님과 각자의 마을에서 직접 종이팩을 수거했다면, 2020년부터는 함께 할 광주의 마을을 모집했어요. 2021년에는 20여 개 팀이 움직이고 있는데요. 각 마을마다 특징이 달라 새로운 종이팩 수거 모델의 가능성을 발견해 가며 함께하고 있습니다.

고금숙   종이팩은 친환경 이미지가 강하지만 재활용이 거의 안 되잖아요. 분리배출하더라도 대부분 선별장에서 버려지는데요. 카페라떼클럽이 미친 선한 영향력은 굉장히 큽니다. 덕분에 종이팩 수거에 참여하는 카페가 전국에 200여 개나 되잖아요. 어떻게 운영하고 있나요?

김지현   각 마을에서 주체적으로 움직이고 있고, 대부분 자원 활동으로 운영하는데 진행 팀에 따라 운영 방식이 조금씩 달라요. 매회 청소년 자원봉사자를 모집하는 청소년 기관도 있고, 고정 멤버로 운영되는 곳도 있고요. 교환한 화장지를 지급하는 것도 각 마을에서 결정해요. 돌봄 가정에 반찬 배달할 때 화장지를 함께 보내는 팀도 있고, 종이팩 배출에 참여했던 가게에 자원순환의 의미를 알리고자 화장지를 전달하는 팀도 있어요. 어쨌든 이 모델 자체가 천안 경주 평택 등 많은 지역으로 퍼지고 있는데, 이런 곳들과 따로 또 같이 갈 방법은 뭘까 고민하고 있어요. 이 모델이 공공 일자리 영역과 결합해 지속적으로 갈 수 있는 방법이 있을지 고민도 하고요. 노인 일자리 시범 사업 모델도 얘기 나누고 있어요..

고금숙　　아, 시니어 일자리! 자원순환의 핵심은 인력 같아요. 공공 일자리와 연결하는 문제는 저도 고민하던 부분인데 준비 중이라니 반가워요. 이미 카페라떼클럽에서 일자리 모델을 만들고 있네요. 다음으로는 온라인 커뮤니티에서 애쓰고 있는 분을 만나볼게요. 네이버 카페 '제로웨이스트 홈'의 운영자 손세라 님입니다. 세라 님은 어떤 관심사로 활동하게 되었나요?

온라인 커뮤니티
연대하는 힘

손세라　　제로웨이스트 홈에서 활동하기 전에는 SBS에서 방영한 다큐멘터리 <순환경제사회, 쓰레기는 자원이다>를 제작했었어요. 제가 해외 촬영 전문인데 코로나로 해외에서 다큐멘터리를 찍기가 힘들어졌어요. 일을 쉬면서 공부할 시간이 생겼죠. 그때 연락했던 '리루프 Reloop'라는 단체가 있어요. 리루프는 '자원resource' 할 때 '리re'와 재활용 순환에서 등장하는 용어 '닫힌 고리close loop'의 '루프loop'예요. 쉽게 말하면 서양의 홍수열 소장님 같은 분들이 모여서 만든 단체고요. 유럽연합이나 OECD 같은 국제기구 또는 여러 정부에 컨설팅해 주는 곳이죠. 제가 자꾸 연락하다 보니까 마음에 들었는지 같이 일하자고 제 안해 줘서 얼마 전부터 일하게 됐어요.

고금숙　　제로웨이스트 홈 카페에서는 주로 어떤 일을 모의하나요?

손세라　　카페는 2018년 6월 5일 환경의 날 이도연 님이 만들었어요. 도연 님은 육아하면서 일회용 기저귀나 물티슈 같은 일회용품을 많이 쓴다고 느꼈대요. 마침 『나는 쓰레기 없이 살기로 했다』라는 책을 읽고 자기도 실천할 수 있는 일이 있겠구나 싶어서 생활 팁을 공유하려고 만든 카페예요. 그 책 원제가 'The Zero Waste Home'이라서 이 이름으로 카페를 만들었어요. 부매니저인 황보영 님은 미세먼지를 주제로 활동하는 분인데 두 분이 같이 운영하고 있다가 카페에서 활발히 활동하던 저에게 제안했어요. 처음 제가 합류했을 때는 회원이 3,000명도 안 됐는데 지금은 1만 6,000명이고요(2021년 10월). 저는 주로 새벽에 스팸 지우기를 하고 있습니다.

고금숙　　스팸 지우기라니 인터넷에서 쓰레기 청소를 하시는군요, 하하. 카페 회원이 1만 6,000명이나! 카페에 모인 사람들이 직접 변화를 이끈 일도 있을까요?

손세라　　저희는 카페 특성상 아무런 부담 없이 자유롭게 활동을 할 수 있어요. 대표적인 활동은 풍선 날리기 행사 반대인데요. 2019년 크리스마스에 한 회원님이 카페에 "연말연시에 여수 바닷가에서 풍선 날린대요."라는 글을 올린 거예요. 그걸 본 회원들이 국민신문고에 민원을 넣자며 다음 날부터 여수시청에 전화하기 시작했어요. 그런데 인터넷에 검색해 보니까 풍선 날리기 행사가 구마다 있는 거예요. 두더지 잡기도 아니고, 지쳐서 쓰러질 것 같은 찰나에 어떤 회원님이 도청이나 광역지자체에 민원을 넣어 하위 지자체에 공문을 보내게 하라는 천재 같은 의견을 주셨어요. 그렇게 일사천리로 일을 진행했는데, 시간이 촉박하다 보니 이미 풍선을 구매한 곳도 있었죠. 그래도 10곳 이상에서 행사를 취소한다거나 다른 행사로 대체한다는 답변을 받았어요.

고금숙　　제가 알기로는 한강 유람선에서 새해 풍선 날리기를 하는데 비난 여론이 거세지자 바로 취소됐고요. 경기도에선 모든 풍선 날리기를 금지하겠다는 조례가 거론됐다고 합니다. 이런 변화들 모두가 카페 회원들이 쓰레기 문제를 하나라도 변화시키고자 나선 결과 같아요. 풍선뿐만 아니라 모든 곳에 일회용품을 쓰지 않는 일도 무척 중요한데요. 이번에는 제로 웨이스트 비즈니스를 하는 분을 소개하겠습니다. 다회용기 서비스로 일회용품을 줄이고 있는 트래쉬버스터즈 곽재원 님의 이야기를 들어볼게요.

재사용 비즈니스
그린 뉴딜

곽재원　　네, 저희는 일회용품을 대체하는 다회용기를 대여해 주는 서비스를 하고 있어요. 축제 같은 행사장에 일회용품이 많이 발생하다 보니까 그 문제를 해결하기 위해서 창업했는데, 안타깝게도 코로나 사태가 터졌어요. 행사가 모두 취소되면서 창업하자마자 바로 닫아야 할 위기에 처했는데 행사 때가 아니어도 일상에서 발생하는 일회용품이 많더라고요. 지금은 사업을 전환해서 기업의 사내 카페에 다회용 컵 서비스를 하고 있어요. 사내 카페에서 많게는 연간 5만 잔까지 이용하더라고요. 2021년 4월부터 이 사업을 시작했는데, 지금까지 다회용 컵 55만 개를 사용했으니 그만큼 일회용품을 줄였다고 볼 수 있죠. 이제 다른 카페도 독일 모델처럼 다회용 컵을 쓸 수 있도록 기술을 개발하고 있어요.

고금숙　　어떤 기술을 개발 중인 건가요?

곽재원　　소비자가 컵 보증금을 내면 그 컵을 협약된 다른 카페에 반납해도 보증금을 돌려받을 수 있어야 해요. 외국은 현금 문화라서 보증금 돌려받기가 가능한데, 저희는 카드로 결제하고 다시 보증금을 현금으로 내줘야 해서 이 부분이 굉장히 어렵더라고요. 보증금 체계 구축에 1년 정도 시간을 쏟고 있어요.

고금숙   저희가 말로는 간단하게 일회용품 대신 다회용기를 쓰면
된다고 하는데요. 방향은 맞지만 재사용 비즈니스는 말씀하신 것처럼
산업 체계라서 먼저 인프라가 구축돼야 해요. 커피값 3,500원에 보증
금 500원이면 보통 카드로 4,000원을 결제하는데요. 다시 돌려줄 때
카드 수수료와 이체료를 취소하고 어떻게 500원을 돌려줄지, 이런 기
술적인 문제들이 생기죠. 난관을 뚫고 계시네요. 쓰레기로 산업 체계
를 바꾸는 일은 어떻게 하게 되었나요?

곽재원   정말 어쩌다 보니 하게 됐어요. 저는 연극 영화를 전공하고
공연과 축제 기획을 오래 했어요. 서울시 산하 축제 기획을 맡아서 했
는데, 행사가 끝나면 쓰레기가 엄청 나와요. 저희 스텝들이 그 쓰레기
를 다 치워야 했죠. 그러다 2019년 새해 첫날 서울시 산하기관에 일회
용품 사용 지침이 내려왔어요. 서울시 소속 카페나 관공서 같은 데선
일회용품 금지 조항이 있었지만 행사장은 '권고'로 나오더라고요. 이
러면 문제 해결이 안 되잖아요. 기획자 입장에서는 다른 모델이 있을
것 같았죠. 우리 방식으로 서비스를 만들어보자고 결심했어요. 마침
서울시에서 모집한 지원사업에 덜컥 선정돼서 친구들과 창업하게 됐
습니다.

고금숙   저희 알맹상점 서울역점에서도 직접 세척하지 않고 다회용
기 서비스를 이용하고 있는데, 가능한 업체가 트래쉬버스터즈밖에 없
거든요. 끝까지 살아남아 주세요. 현재는 어떤 곳에서 다회용기를 사

용하나요?

곽재원　　KT 광화문 사내 카페에서 다회용 컵 서비스를 하고 있어요. 처음 회사가 문의한 건 다른 협업이었는데요. 저희가 원래 일회용품 줄이기가 목적이라고, 사내 카페에 다회용 컵 도입을 제안했더니 흔쾌히 해보라고 했죠. 서비스를 시작하고 한 달 만에 대기업 40곳에서 연락이 왔습니다.

고금숙　　트래쉬버스터즈 컵은 씻기 편하고 질도 좋은데요. 지방에서도 이용 문의가 많은지 궁금해요.

곽재원　　많은 지역에서 문의를 해주셨어요. 마음은 다양한 지역으로 영역을 넓히고 싶지만 일단 수거 체계와 세척 공장이 갖춰져야 해요. 여기에 들어가는 비용 자체가 꽤 높다 보니 지금은 서울시와 경기도만 운영하고 있어요. 지금도 정신을 못 차리고 있어서요. 빠르면 2022년에 한 단계씩 다른 지역에도 서비스할 생각입니다.

고금숙　　저는 사실 '용기내 캠페인'을 할 때 적당한 용기가 없어서 당황한 적이 많은데요. 어떤 다회용기를 쓰시나요?

곽재원　　배달의민족이 판매하는 일회용 용기 종류만 450가지예요. 저희는 표준화된 용량으로 용기를 제작하면 문제를 해결할 수 있다고 보는데요. 간혹 가게 사장님들이 배달 음식에 일회용기를 쓰고 있다면서 다회용기도 맞출 수 있냐고 물어보세요. 물론 배달용 다회용기를 정확하게 하기 위해선 표준화 작업이 필요합니다. 그런데 업체별로 용기를 맞춤 제작하면 비용이 많이 들어요. 표준화된 다회용기 제작에 지원이 있다면 기술 개발에 도움이 될 것 같습니다.

고금숙   이거야말로 그린뉴딜 사업이네요. 스타트업에서 표준화된 배달 용기를 개발하려면 지원 없이는 힘들죠.

곽재원   저희 업무이기도 하니 이제 하나씩 개발해 보려고요.

고금숙   배달용 다회용기가 나온다면 정말 쓰임이 많을 듯해요. 다음은 아나바다 시절부터 재사용 문화를 이어온 아름다운가게 이야기를 들어볼게요.

재사용 문화
오래된 미래

강민정   저는 아름다운가게에서 2006년부터 일해왔어요. 지금은 서울 지역 매장과 생산 센터를 총괄하고 있고요. 원래 저희 매장은 기부 물품을 받거나 사회적 기업의 친환경 제품을 매입해서 판매하는데 업사이클링 브랜드 에코파티메아리가 만든 제품이죠. 그런데 오늘 말씀드릴 매장은 2020년 4월에 문을 연 송파가락점으로, 기존 아름다운가게와는 다른 형태라서 대담에 초대해 주신 것 같아요. 이 매장에는 송파 지역의 단체가 운영하는 아름다운지구살림 존이 있고 그 안에 제로 웨이스트 매장이 들어와 있습니다.

고금숙 제로 웨이스트 숍과 결합된 매장이라니 흥미로운데요. 어떻게 운영되고 있나요?

강민정 단순히 물건만 판매하는 게 아니라 캠페인도 하고 있어요. 플라스틱 방앗간과 협업해서 플라스틱 병뚜껑을 모으고 주민센터와 연계해서 아이스 팩과 종이팩도 수거하고요. 아름다운가게를 찾아오는 나이대가 높은 편이라 아무래도 환경에 관심이 있어도 정보에 느릴 수밖에 없잖아요. 매장에 제로 웨이스트 코너가 있으니까 친환경, 무포장 물건을 쉽게 접하게 되어 반응이 좋아요.

고금숙 이런 매장이 앞으로도 더 많아질까요?

강민정 송파가락점과 비슷한 콘셉트로 전주와 목포에도 매장을 열었어요. 코로나 시대에 기존 매장만으론 한계가 있다고 느꼈고, 환경을 생각하는 물건도 함께 만날 수 있는 매장으로 바꾼 것이 바로 친환경 매장이에요. 곧 친환경 매장 2호점을 화양사거리에 열 예정입니다.

고금숙   아름다운가게는 나이대가 높은 분들이 많이 방문하고 제로 웨이스트는 MZ세대를 중심으로 활발해진 문화인데, 고객층이 달라 힘든 점은 없나요?

강민정   말씀하신 것처럼 나이대가 있는 분들은 상대적으로 전담 인원의 설명이 더 필요해요. 인력이 고민되는 지점이죠. 매장에서 판매되는 에코파티메아리 상품 같은 다양한 제로 웨이스트 물품도 주 고객층이 낯설게 느끼지 않도록 꾸준히 캠페인을 통해 알리려고 합니다.

고금숙   아름다운가게가 이제 중고 물품도 사고 싶고 제로 웨이스트 물건도 사고 싶을 때 한 번에 해결되는 매장으로 가고 있네요. 응원합니다. 제 생각에는 제로 웨이스트 매장들도 분발하면서 더 나은 무포장 제품, 더 좋은 캠페인을 고민할 단계 같아요.

마을의 환경 공동체 모델
되살림 가게+제로 웨이스트 매장

고금숙   다음으로 소개할 가게는 중랑구에 있는 보탬상점인데요. 전에는 되살림 가게였다고 들었어요. 이름만 대면 알 정도로 유명한 재사용, 재활용의 선두주자였다고요. 그랬던 동네의 자원순환 가게가 제로 웨이스트 매장으로 탈바꿈합니다. 협동조합에서 시작해 지금은 어떻게 운영되고 있는지 궁금해요.

박경연　　말씀하신 것처럼 저희 보탬상점은 되살림 가게로 출발했고요. 원래 노원 되살림 가게에서 운영하다가 코로나로 타격을 받았어요. 중랑구의 저희 가게도 노원구에서 운영하다 보니 노원 되살림에서 가게를 인수해 달라는 의사가 있었죠. 그래서 인수 문제를 고민하다 이곳이 중랑 환경운동의 거점이 되면 좋겠다는 바람이 생겼어요. 중랑의 힘을 좀 모아보자 싶어서 여러 생협과 환경단체 등이 모여서 준비하기 시작했어요. 중랑마을넷, 초록상상, 아이쿱, 한살림, 울림두레가 모였는데 진행하다 보니 '이렇게 좋은 운동을 우리끼리 해서 될까?' 싶었죠. 그러다 판이 커져서 좋은 운동을 함께 하는 취지로 운명공동체를 만들어 보자며 조합원을 모으기로 했고요. 중랑구민뿐만 아니라 취지에 동참해 주신 100여 분이 모여 출자금 6000만 원으로 시작하게 됐습니다. 현재 매장에서는 되살림 물품과 제로 웨이스트 물품이 각각 50퍼센트로 운영되고 있어요.

고금숙　　재사용과 제로 웨이스트 중 어느 쪽 품목이 더 잘 나가나요?

박경연　　저희 지역 자체가 환경운동이 시작 단계예요. 그러다 보니 호응도 많고 또 풀뿌리 운동이 활성화된 지역이라 내공도 있어요. 주변 공공기관도 변화하려는 노력을 보여주고요. 이번 추석에는 중랑구청과 동대문구청에서 단체 주문이 많이 들어왔는데요. 원래는 되살림 물품의 마진율이 높은데 공공기관의 단체 주문 덕에 제로 웨이스트 물품이 효자 노릇을 해줬어요.

고금숙　　매출이 중요하죠. 자금이 원활하게 흘러야 지속 가능한 사업을 할 수 있으니까요. 저는 개인적으로 돈 계산을 잘 못해요. 있으면 쓰고 없으면 가난하게 살아야지, 뭐. 이런 식이었는데 사업을 하다 보니까 돈이 되게 중요하다는 걸 알게 됐어요. 직원들과 제가 먹고사는 생계가 달려있기도 하고 그 돈이 지속가능성의 가장 큰 원천이기도 하고, 무엇보다 사람들이 자기 주머니에서 내는 돈으로 호응할 때 그 사업이 가능하다는 걸 알게 됐거든요. 이 측면에서 힘든 점은 없나요?

박경연　　아무래도 매출이 크게 나지 않는 점이 힘들죠. 일할 때 '그냥 한번 해볼까?' 하는 마음가짐으론 안 돼요. 자신이 여기서 뭔가를 이루고 싶다면 그 가치를 공동체 안에서 함께 생각하고, 이룰 수 있다는 굳은 신념을 가져야 해요. 저희가 "우리한테 보탬, 우리 마음에 보탬"이라고 서로에게 해주는 말이 있어요. 이건 돈과 바꿀 수 없는 가치라고요. 앞으로도 이 감정으로 2년은 가지 않을까 싶고요. 다가올 2년 동안 새로운 뭔가를 해볼 생각입니다.

고금숙　　생협과 시민단체들이 모여서 아예 새로운 되살림 가게와 제로 웨이스트 매장의 모델을 만들었고 조합원도 100명이나 되는데요. 실제 운영에는 몇 명이 관여하나요?

박경연　　이사 아홉 명과 사무국장인 저까지 열 명 정도가 실제 운영진이고요. 오전 11시부터 오후 5시까지는 상근 근로자가 있고, 이후부터 저녁 8시까지는 이사들이 돌아가면서 자원봉사로 일하고 있어요. 토요일은 지역 청소년을 인턴으로 구해 평일 상근자처럼 근무하고요. 그 이후엔 똑같이 이사들이 봉사하고요. 인건비 문제가 힘들어요. 특히 저희 같은 경우엔 어디서 지원받는 게 아니라 협동조합 출자금으로 이루어지다 보니까 임대료와 인건비 부담이 커서 상근 근무자를 채용하긴 너무 힘든 구조예요. 그래서 지금은 이렇게 돌아가면서 각자의 역할을 해내고 있지만 내년에는 한 명 정도 더 지역에서 일자리를 만들어보자고 계획하고 있습니다.

고금숙　　네, 잘 들었습니다. 이제 비슷한 형태로 협동조합에서 시작한 안녕상점으로 가볼게요. 안녕상점이 도봉구에 있는 제로 웨이스트 숍이라고 알고 있었는데요. 어느 날 보니 종이팩이 종이류와 따로 선별되는지 확인한다며 도봉구 선별장에 계시더라고요. 구의원과 동행해서요. 또 주방 비누를 제조한다고 하시고요. 아니, 여기 정체는 뭐지? 궁금했거든요. 안녕상점의 시작은 어땠는지 이야기해 주세요.

성지윤　　저희는 도담공동육아 어린이집에서 만난 엄마들끼리 아이들이 졸업할 즈음 함께 뭔가 해보자고 도모하다가 도담마을 협동조합을 만들고 안녕상점을 열게 됐어요. 사실 저희는 상점이라는 정체성보다 기후 위기에 대응해 뭔가 실천하고픈 마음이 있었어요. 그래서 상점 수식어에 기후 위기 대응 실천 플랫폼이라는 이름을 붙였는데요. 그래서인지 비영리 기획을 많이 하게 돼요.

고금숙　비영리 활동이라면?

성지윤　시민단체와 결합해서 만든 형태는 아니지만 80명의 조합원들이 있어요. 여기가 풀뿌리 시민단체의 네트워크 활동이 활발한 지역이거든요. 그래서 기후 위기 도봉행동 모임에서 구의원들을 초대해 시민단체 활동가들과 간담회도 하고 선별장에도 다녀올 수 있었어요. 대안 물품을 찾고 리필 매장도 운영하고 있지만 더 적극적인 캠페인을 하고 싶어서 꼼지락거리고 있어요.

고금숙　진짜 커뮤니티의 힘은 대단한 거 같아요. 사부작사부작 모이는 게 무슨 효율이 있고, 무슨 소용이 있냐고 하지만 이렇게 사업체가 되기도 하잖아요. 쓰레기에 관심 있는 사람끼리 모여서 계속 공부도 하고 쓰레기 줍기도 하다가, 우리 마을에 어떤 서비스가 필요하겠다 싶으면 스스로 대안을 만들어내잖아요. 이런 분들이 바로 "자기 스스로 원하는 대안의 일부가 되어야 한다"는 간디의 말을 실천하는 사람들이라고 생각해요. 운영하는 데 어떤 점을 가장 신경 쓰고 있나요?

성지윤　　제로 웨이스트 매장을 몇 군데 돌아보면서 두 가지 전략을 세웠어요. 하나는 생산이에요. 주방 위생용품을 생산할 시설과 화장품 제조 판매할 수 있는 시설을 세워 직접 생산하는 거고요. 다음은 종이 팩 수거인데요. 이건 결국 행정이 할 일이라서 저희는 알리는 것을 목표로 두고 있어요. 그래서 구의원과 만나서 선별장 방문도 하고 시스템을 요구하는 활동도 하고 있습니다.

고금숙　　직접 생산과 비영리 캠페인을 하는군요. 제로 웨이스트 매장은 수익이 높지 않아서 기본적으로 슬로우 비즈니스죠. 카페이공은 제로 웨이스트 매장으로 전환하면서 수익이나 사람들의 반응이 달라졌나요?

이세형　　우리 동네 회수센터도 비영리 활동을 많이 해요. 저희는 이 활동을 지속하기 위해서 카페, 식당, 제로 웨이스트 매장을 하면서 매출을 다각화하고 있어요. 사실 2019년에 저희도 코로나 타격을 받았거든요. 매출이 반 이상 떨어진 상황에서 테이크아웃 컵을 빼는 게 엄두가 안 났죠. 그런데 제로 웨이스트 숍 운영으로 오히려 매출이 올랐어요. 광주에는 저희뿐이어서 단체 주문도 많이 들어오거든요. 문화가 바뀌는 것 같아요. 어떤 단체에서 선물 세트를 제로 웨이스트 세트로 만들자고 하면, 이제는 저희가 제안해서 납품도 하고요. 이런 요인이 매출에 긍정적인 영향을 미치고 있어요.

앞으로 우리는?
밝다!

고금숙   사업 다각화로 정체성을 명확히 하면서 더 성장하게 된 희망적인 사례네요. 다들 어떻게 생각하세요? 지금 하는 사업의 전망이 밝다고 보시나요? 3년 뒤 자기 모습이나 앞으로의 계획도 함께 이야기 나눠볼게요.

성지윤   저는 밝다고 생각하는데요. 알맹상점에 다니다가 동네에 가게가 생겨서 좋다는 분들이 꽤 많은 걸 알았거든요. 최근에는 인천에서 한 것처럼 도봉구 재래시장 세 곳에 '용기내 프로젝트'를 해보자는 제안서를 냈는데요. 도서관처럼 재사용 용기를 쓰고 반납하는 무인 반납 시스템이나 재래시장마다 거점을 만들어서 시도해 볼 수 있겠다고 생각해서요. 3년 뒤에는 제가 제안한 사업들을 실행하고 싶습니다.

강민정   아름다운가게 매장이 서울에 30곳 정도 되는데 큰 이점이라고 생각해요. 그중 미아점과 방학점은 지역 네트워크 단체에 공간을 내주고 함께 활동하는데요. 이 사례를 점점 더 많은 지역으로 확장한다면 미래가 더 밝지 않을까 싶고요. 저는 3년 뒤에 다시 매장 매니저로 돌아갈 것 같아요. 매니저로서 지금 말씀드린 공간에서 지역 네트워크와 함께할 방법을 고민하고 있을 것 같네요. 그런 제 모습이 기대돼요.

박경연　　예전에는 재사용 물품만 보러 온 분이 많았어요. 근데 지금은 제로 웨이스트 물품에도 관심을 가지고 하나씩 구매하세요. 저희가 2021년에 플라스틱 수세미를 가져오면 핸드메이드 마실 수세미를 드리는 캠페인을 활발하게 했는데요. 어느 분이 일반 수세미를 20개 정도 가져오셨어요. 여러 개를 가져와도 한 개만 교환해 드린다고 했더니, 알지만 안 쓰고 싶다고 하셨어요. 그 말을 듣고 '아, 우리의 미래는 밝구나.' 싶었어요. 청소년이 변해야 미래가 밝다고 생각하는데 그러려면 부모 세대가 변해야 한다고 생각하거든요. 제 욕심은 보탬 1호점 2호점 3호점을 거쳐 10호점까지 여는 건데 소망이자 꿈입니다. 일단 3년 후에는 3호점을 만들어서 이 자리에 오고 싶네요.

곽재원　　3년 뒤는 정말 모르겠지만, 음… 사실 1년 사이 코로나로 사람들 인식이 많이 변했다고 생각해요. 저희가 창업한 지 2년 정도 됐는데 그때는 다회용기라는 말 자체가 없었어요. 다들 "다회용기가 뭐야? 재사용 컵이야?" 했는데요. 요즘은 광고 회사에서 연락이 와요. 학생들이 강연 요청도 하고요. 다양한 곳에서 연락이 오다 보니 전 세대가 공감하고 있다고 느껴요. 한국은 마음만 먹으면 굉장히 빠르게 변할 수 있는 것 같아요. 여기에 IT기술까지도 접목을 시키면 좋겠죠. 그래서 긍정적으로 생각하고 있습니다.

이세형　　네, 저도 미래는 밝다고 생각해요. 광산구는 공동주택에 종이팩 수거함을 다 설치했어요. 그런 변화도 너무 좋고 이공카페는 원래 50~60대 남성이 많이 오는 카페였는데 비건 카페와 제로 웨이스트 매장으로 지향점을 확대하면서 제비(제로 웨이스트+비건)들의 아지트가 됐어요. 예전에 제가 청년 운동을 할 땐 청년들이 놀 수 있는 공유주택이 있으면 좋겠다고 생각했는데요. 지금은 지하에는 트래쉬버스터즈처럼 세척 시스템을 갖추고, 1층엔 제로 웨이스트 매장과 비건 식당, 비건 카페, 2층에는 세미나실이나 커뮤니티 공간을 만드는 구상을 하고 있어요. 저도 이사장 임기가 2022년에는 끝나요. 3년 뒤에 이곳이 제비 백화점이 된다면 사장 그만두고 직원으로 있고 싶어요.

김지현　　자원순환과 제로 웨이스트 분야의 미래는 밝아요. 이유는 할 일이 엄청 많다는 거예요. 아마 죽을 때까지도 계속 이 분야의 이슈를 얘기하지 않을까 싶고요. 이 분야에서 일하는 활동가나 사업가가 많아져서 레드오션이 되는 날까지 함께 활동하면 좋겠어요. 3년 후에도 저는 광주에서 지금처럼 입바른 소리 하는 캐릭터로 활동하고 있을게요.

고금숙　　우리 대담이 유튜브로 실시간 중계되고 있잖아요. 방금 굉장히 감동적인 댓글이 올라왔네요. 미래가 밝아야 한다는 생각으로 저희가 손을 든 것 같다고 하셨는데 동의합니다. 기후 위기 우울증이라고 있잖아요. 우울증을 앓는 대신 행동으로 나서고 그다음엔 길을 내는 사람들을 만나서 에너지를 받아야 합니다. 밝음에 대한 의지로 손을 들었으니 자원순환 경제의 길이 활짝 열리면 좋겠어요. 중국의 문호 루쉰은 길이 난 곳에 가는 게 아니라 사람 가는 곳에 길이 난다고 했죠. 오늘 오신 분들이 모두 새로운 길을 만들었잖아요. 이런 사례들이 더 멋진 모델로 동네마다 지역마다 생겨나기를 바랍니다.

플라스틱 어택과 시민행동 그리고 작은 승리들

두 번째 대담 '활동'편

소일 허지현 허승은 홍수열 황승용 김현종 최지 고금숙 (왼쪽부터 시계 방향)

대담한 쓰레기 대담
오픈 세미나 쓰레기 연대의 방향 ②

진행 고금숙 홍수열
함께한 분들

허지현

쓰레기덕질 활동가이자 '지구지킴이 쓰담쓰담' 대표. 쓰지 않은 빨대를 모아 두유 회사에 반납하고, 스팸 뚜껑을 모아 회사에 반납했다. 반납하기·제안하기 운동을 널리 퍼트렸으며 다른 사람들의 참여를 이끌고 있다. 빨대 없는 유제품, 빨대 없는 컵 커피, 뚜껑 없는 스팸 선물 세트 등을 출시하는 성과를 냈다.

ⓘ ssdamssdam_0

황승용

회사에서는 대리, 퇴근하면 플로깅 모임 '와이퍼스'의 대표(닦장)로 활동 중이다. 다양한 연령대가 모인 와이퍼스에서 회원(닦원)들과 쓰레기를 줍는 플로깅, 다회용기를 사용하는 '용기내' 등을 실천한다. 담배 회사에 담배꽁초 책임을 묻는 어택을 진행했다.

wiperth.me

허승은

녹색연합 활동가. 배달업체에 일회용품 사용을 줄이기 위한 다회용기 서비스를 촉구하는 어택을 진행했다. 배달 앱에서 일회용 수저·포크 선택의 기본값을 바꾸고, 화장품 회사에는 화장품 용기의 재활용품 표기와 재활용 가능한 용기 제작 및 리필 매장 확대를 제안했다.

greenkorea.org

최지
쓰레기 덕후. 쓰레기덕질을 꾸준히 하고 있다. 홍대 카페 일대에서 플라스틱 컵 어택을 진행했고, 일회용 컵 보증금 제도를 이끌기 위해 국회의원에게 일회용 컵 화분을 만들어 나눠 주는 등 환경 감수성을 지니고 개인이 할 수 있는 영역에서 활발히 활동한다.

소일
소비, 외출, 화장, 취미 활동, 환경운동 등 일상에서 일회용품을 쓰지 않고 쓰레기를 만들지 않는 삶을 실천한다. 현재 자연과 인간이 공존하는 세상을 만드는 '지속가능발전협의회'에서 일하고 있다. 『제로 웨이스트는 처음인데요』를 썼다.

백나윤
환경운동연합 활동가. 기업을 대상으로 포장재에 불필요하게 포함된 플라스틱 트레이 제거 운동을 했으며 자원순환 사회를 위해 분리배출과 생산단계에서의 중요성을 인식해 알리고 있다.

kfem.or.kr

김현종
<한국일보> 기자. 격주로 연재되는 '쓰레기 사지 않을 권리-제로 웨이스트 실험실'에서 과도한 포장재를 분석한다. 기업에 포장 이유를 질의하고 받은 답변을 담아내며 직접 실험을 통해 과대 포장의 심각성, 분리배출의 어려움을 보여주는 등 참신하고 유익한 기사를 쓴다.

고금숙   오늘은 두 번째 대담으로, 개인으로 혹은 연대해서 활동한 일로 얻은 승리의 이야기를 나누는 시간입니다. 지난 시간에 참석하지 못한 홍수열 소장님도 오셨어요. 소장님, 8강까지 강의 자료를 진짜 열심히 만들어 오셨잖아요. 그동안 강의하면서 어떠셨나요?

홍수열   네, 안녕하세요. 지난번 영상을 봤는데 아우, 쓰레기 수렁에 빠진 대표님들의 눈물의 경험담을 보면서 마음이 짠했습니다. 이번 세미나 자료는 아주 설레는 맘으로 준비했는데요. 강의를 많이 하다 보면 비슷한 내용을 기계적으로 반복해야 하는데, 영혼이 소진되는 느낌이 들기도 해요. 그런데 쓰레기 문제에 진짜 관심이 많은 분들과 대화하면서 소진된 영혼에 에너지를 보충하는 시간이었어요. 이번 시간은 어쩌면 분노의 연대가 될 텐데요. 쓰레기 문제를 생각하면서 평소에 쌓였던 울분을 토해내는 시간이 됐으면 합니다.

고금숙   소장님 강의 자료에 "희망의 반대말은 절망이 아니다. 희망의 반대말은 행동이다, 실천이다." 이런 글을 쓰셨더라고요. 그 문구를 보면서 굉장히 마음이 찌르르했어요. 오늘은 희망의 반대말이 절망이 아니라 행동이라는 증거를 직접 보여주신 쓰레기 어택 실천가들을 모셨습니다. 이번에 초대한 분들은 굉장히 다양한 분야에서 활동하고 계시는데요. 먼저 어택 활동을 진행한 허지현 님 이야기부터 들어보겠습니다.

불필요한 쓰레기를 만들지 마
스팸 뚜껑 반납 운동

허지현 저는 스팸 뚜껑과 두유 팩 빨대 등 '반납' 운동을 하다가 뜻 있는 사람들끼리 '지구지킴이 쓰담쓰담'을 만들게 됐고요. '클라블라우'라는 브랜드로 디자인과 수공예 작업을 하고 있어요.

고금숙 어떤 계기로 어택 활동을 진행하게 되었나요?

허지현 네, 아는 분들은 알겠지만 스팸 뚜껑은 유통과정에서 필요할진 몰라도 제가 생각했을 땐 정말 불필요한 거였어요. 다른 분들도 이 부분에 많이 공감해서 동참해 주셨죠. 건의해도 기업이 안 들어준다며 분노하는 분도 있었는데, 기업도 조직이니 하루아침에 결정할 순 없다고 생각해요. 그나마 스팸 뚜껑은 CJ제일제당도 예전부터 고려해 온 사안이라서 빠르게 진전될 수 있었어요. 스팸 뚜껑 반납 운동을 한 건 2020년 추석 전이었는데, 그해 뚜껑 없는 버전으로 추석 선물 세트 2종이 나왔습니다. 비록 더딘 속도지만 기업은 조금씩 변화했고 1년 후엔 모든 선물 세트에 뚜껑 없는 스팸이 들어갔어요. 그것만으로 저는 대단하다고 생각해요. 물론 소비자들이 알아주고 더 촉구해주면 더 빨리 진전되겠죠.

고금숙 이런 활동이 기존 어택과 다른 점이 있을까요?

허지현 저는 공격적으로 하는 방식이 기업에 무리를 주는 것 같아서 소심하게 '반납하며 건의하기'로 나가고 있어요. 다들 어택을 많이 하다 보니 제 활동도 어택으로 불리는 경향이 있죠. 궁극적으로는 어택의 방향과 목표가 같잖아요. 다만 반납 건의가 시민들이 좀 더 평화롭게 실천할 수 있는 방법이라고 생각해요.

홍수열 스팸 뚜껑 반납 운동이 굉장한 반향을 일으켰던 이유가, 환경단체가 아닌 소비자 차원의 자발적인 움직임에 기업들이 반응해 준 거잖아요. 쓰레기 어택에 있어 뭔가 새로운 방향성을 보여준 초기 모델이라고 봅니다. "소심하게"라고 표현했지만 그 영향력은 굉장히 매서웠다고 생각해요.

고금숙 이후 다른 햄 제품에도 뚜껑을 없애는 긍정적인 변화가 생겼고 무라벨 제품도 나왔다고 합니다. 다음은 최지 님 이야기를 들어볼게요.

좋아서 한다
어택부터 제로 웨이스트 실험까지

최지   저는 직장인이고요. 2019년 우연히 '쓰레기덕질'이라는 온라인 커뮤니티를 알게 돼서 활활 타오르면서 활동했어요. 특히 그해 여름에 진행한 일회용 플라스틱 컵 어택이 기억에 남네요. 당시 홍대에서 플래시 몹으로 참여해 주신 분들과 플라스틱 컵을 주웠는데요. 그중 가장 많이 나온 브랜드 컵을 매장에 돌려드리는, 되게 가슴 떨리는 어택이었습니다.

고금숙   문득 최지 님과의 일화가 떠오르네요. 2019년 일회용 컵 보증금제 통과를 앞두고 있던 어느 날, 각자 야근 후 밤 10시에 만나서 일회용 컵에다 꽃과 허브를 쫙 심고 환경노동위원회 국회위원 16명에게 줄 손편지를 썼죠. 다음 날 국회의원회관에 가서 당시 한정애 국회의원의 보좌관 힘을 빌려 16개 층을 돌았어요. 환경노동위원회 의원실에 찾아가 비서들에게 글을 읽어주면서 일회용 컵 보증금제 통과에 꼭 찬성해 달라고 요청했고요. 그때 같이 꽃을 심었던 동지예요.

최지   '내가 지금 뭐 하는 짓이지? 월급도 안 나오는데?' 하면서도 자발적으로 했죠. 근데 굉장히 즐거웠어요. 일상을 살면서 느꼈던 분노와 짜증과 고민을 해소할 수 있다는 점에서 카타르시스를 느낀 활동이었거든요. 하지만 제가 분노를 느꼈던 지점은, 2022년 6월부터(12

243

월로 연기됨) 일회용 컵 보증금 제도가 실시된다는데 일상에선 플라스틱 컵이 전혀 줄어들지 않았다는 거예요. 실제로 이 제도가 잘 작동할 수 있을지 의구심이 드는 상황이어서요.

홍수열 일회용 컵 보증금 제도에 관한 많은 오해가 생겼고 또 왜곡해서 비판하는 사람들이 있어서 그렇습니다. 그래서 우리가 사후 대처도 해야 하고 악용되는 것도 경계해야 합니다. 보증금이 붙었으니까, 재활용되는 거니까 일회용 컵을 써도 된다는 쪽으로 흘러가면 안 되니까요. 일회용 컵 보증금 제도는 다회용 컵으로 가기 위한 중간 다리거든요. 어쨌든 다회용기 사회로 가기 위한 첫 발자국을 뗀 것이 일회용 컵 보증금 제도의 도입이라고 봐요. 그 출발점에 일회용 컵 어택이라는 배후가 있으니 일단 그 부분에선 우리가 자부심을 가지고 힘을 내야죠. 어택은 계속되어야 합니다.

고금숙 네, 다음은 김현종 기자님의 어택 활동을 들어보겠습니다.

김현종 저는 <한국일보>에서 2021년에 만들어진 기후담당팀에서 1년 동안 '제로 웨이스트 실험실'이라는 이름으로 자원순환 이슈에 대해 격주로 기사를 연재했어요. 과대 포장재나 재활용이 잘 안되는 제품을 만드는 기업에 제작 사유를 묻고 답변을 받고 있죠. 기사에는 기업명도 적는데 이게 '어택성'으로 분류돼서 이 대담에 초대받은 것 같습니다.

고금숙　　어떤 기사가 가장 인상에 남나요?

김현종　　큰 틀에서 말하면 숙취 해소제 포장재인데요. 누가 봐도 숙취 해소제의 뚜껑(알루미늄에 플라스틱을 덧붙인 이중 뚜껑)은 쓸모가 없거든요. 그런데 기업은 덧댄 플라스틱 뚜껑이 없으면 술에 취했을 때 뚜껑을 따다 손을 베일 수 있다고 설명하는 거예요. 근데 소주 뚜껑도 철로 되어있잖아요. 상품 고급화를 위해 마케팅에 사용하려는 목적이면서 이유를 붙이는 거죠. 물론 환경에 문제가 있다고 하니 바꾸겠다는 답변을 준 기업도 있어요.

고금숙　　지금 채팅창으로 김현종 기자님께 어택을 제안하는 분들이 많으세요. "제약 회사 어택이 필요하다." 하고요. 특히 건강보조식품은 진짜 과대 포장이 심한 것 같아요. 저희 알맹상점에서도 화장품을 덜어 줄 때 용량은 적지만 단가가 비싸서 깜짝 놀라거든요. 너무 볼품이 없어서. 제약 회사도 똑같이 단가가 높을수록 포장이 과해지는 느낌이에요.

김현종　　네, 약 포장재에 쓰이는 PVC도 문제인 것 같아요. PVC 소재가 재활용이 잘 안되다 보니 환경부도 2019년 12월에 금지하는데 두 품목에 대해서만 예외를 뒀어요. 의약품 포장재와 랩인데요. 의약품의 경우 PVC 재질이 의약품을 보호하는 기능을 한다기에 제약 협회에 PVC 포장재와 의약품의 상관관계를 물어보니 "그런 게 있어요?"

하시더라고요. 의학계 전문가들에게 문의해도 잘 몰라요. 아는 분이 없어서 기사를 못 썼어요.

홍수열　원칙상 PVC 포장재는 사용 금지인데 기술적으로 대안이 없으면 예외로 허용됩니다. 압박 포장이라고 캡슐형 알약에 쓰이는 포장재 있잖아요. 그게 다 PVC 재질이거든요. PVC에는 은박이 붙어 있어요. 은박을 벗기면 플라스틱으로 분리배출해도 된다고 잘못 아는 분도 있는데 그 플라스틱은 재활용이 안 돼요. 쓰레기로 배출해야 돼요. 저희도 연구해 봤는데 생산자들이 PVC 기능을 대체할 재질이 없다고 해서 PVC 포장재는 어쩔 수 없다는 결론이 났는데요. 랩은 경우가 조금 달랐어요. 지금 PVC 랩을 생산하는 두 곳이 국내 굴지의 대기업인데 여기서 사활을 걸고 막았거든요. 이 사실을 미리 알았다면 우리도 어택으로 항의할 수 있었을 텐데, 그때 많이 알려지지 않아서 제지하기 어려웠던 것 같아요.

고금숙　PVC는 오히려 다른 플라스틱 재활용을 방해한다고 합니다. 지금 채팅창이 건강식품 과대 포장 문제로 난리가 났네요. 환경문제를 본격적으로 다뤄주는 기사가 별로 없는데 반갑고 감사하다는 글도 있고요. 앞으로도 필요한 실험을 많이 해주시면 좋겠습니다. 이번에는 <한국일보> 제로 웨이스트 실험실과 함께 어택을 진행한 백나현 님 이야기를 들어볼게요.

기업에 변화를 요구한다
트레이 제거 운동

백나윤　저는 환경운동연합 자원순환 담당 활동가입니다. 2021년에 김현종 기자님과 함께 기업에 플라스틱 트레이 제거를 요청하는 활동을 진행했습니다. 기자님의 제안으로 저희도 함께 촬영하면서 활동으로 이끌어 가야겠다고 생각했어요. 기업에 공문을 보내거나 직접 찾아가 피켓 시위를 하는 등 압박을 가하는 일을 했죠. 결국 농심, 동원, 해태, 롯데 이렇게 네 곳에서 플라스틱 트레이를 제거하겠다는 약속을 받았고요. CJ제일제당, 오뚜기, 풀무원 세 곳의 답변을 기다리고 있습니다.

홍수열　'홈런볼 낙하 실험'은 아주 인상적이었어요. 실험을 통해 기업이 빠져나갈 수 없게 했죠.

고금숙　저도 홈런볼 사례가 굉장히 궁금해요. 그럼 홈런볼 포장에 완충재가 들어가나요? 아니면 종이 트레이가 생기나요?

백나윤　일단 저희 요구는 아예 제거하는 건데, 아무래도 이 과자가 좀 물렁물렁하고 약하다 보니 기업에서는 종이 트레이로 변경하는 방법도 고려한다고 해요. 첫 번째 목표는 플라스틱을 없애는 거니까 종이 트레이도 괜찮은 것 같습니다.

고금숙　　허지현 님은 이 부분에 대해서 분노하는 입장이었죠?

허지현　　처음 빨대 반납을 할 땐 빨대 제거 옵션을 요구했어요. 소비자가 사용 여부에 대해 선택지를 달라고 했는데, 지금은 종이 빨대로 변경하는 추세가 됐죠. 그런데 소비자 입장에서 종이 빨대는 플라스틱 빨대보다 불편하고 가격만 올라갈 뿐이에요. 소비자에게는 불이익이죠. 게다가 전체 생산과정으로 보면 종이 생산이 더 환경 파괴적이라고 하는데 그러면 지구에도 불이익이고 이는 또한 소비자가 책임을 떠안아요. 그래서 저도 과자 이중 트레이가 플라스틱 대체제로 바뀌지 않게 하려고 홈런볼 생산 기업에 제안했죠. 플라스틱 트레이는 그대로 두고 필요 없는 사람이 선택하도록 옵션을 줘야 한다고요. 괜히 종이 트레이를 만든다고 생산 설비를 바꾸면 그것도 엄청난 쓰레기잖아요. 쓰레기는 뒤처리가 문제니까요. 계속 개발하고 투자하면 그 뒷감당은 누구에게 시킨다는 건지 모르겠어요.

고금숙　　네, 이렇게 어택러들 사이에서도 정도와 대안을 두고 생각 차이가 있습니다. 종이에 대해서는 말이 많죠.

홍수열　　저도 강의할 때 그냥 한 줄로 정의하는데, '지구를 살리는 친환경 재질이란 없다.' 종이든 플라스틱이든 사용하면 결국 환경오염이 되니까 피할 수 있으면 안 쓰는 게 제일 좋다고요. 친환경 재질이니까 써도 된다는 건 결국 기업의 마케팅이고 그린 워싱이 될 수 있어요.

기업은 상품 보호를 위해 과대 포장은 불가피하다고 얘기하지만 사실 다양한 꼼수가 들어가거든요. 트레이로 부피를 늘리는 것도 결국 간접적으로 가격을 올리는 효과를 내고요. 그래서 정말 꼭 필요한 것인지 따져봐야 해요. 한 예로 홈런볼은 <한국일보>가 연세대 패키징학과 연구소에 의뢰한 낙하 실험에서 트레이 없이도 파손되지 않았답니다.

김현종 트레이 없이 종이컵에 홈런볼을 담아 유통하는 상품도 있어요. 얼마든지 트레이를 빼고 만들 수 있다고 봐요. 홈런볼이 우리나라 최초로 탁자에 놓고 트레이를 꺼내면 사람들과 함께 먹을 수 있게 만들어진 거래요. 이 부분에 대한 자부심이 굉장히 강한 것 같아요.

고금숙 예전에는 플라스틱 트레이를 놓고 함께 먹었다면 지금은 플라스틱 없이도 함께 먹어요. 이렇게 사고를 전환할 때가 된 것 같아요. 이제 또 다른 어택으로 넘어가려는데요. 녹색연합 허승은 활동가님 이야기 들어보겠습니다.

시민의 힘을 모아
화장품 용기·배달 용기 어택

허승은 저는 환경단체 녹색연합에서 활동하고 있습니다. 2021년 상반기에는 화장품 어택을, 하반기에는 배달 어택을 진행했어요. 화장품 어택은 화장품 용기에 재활용 등급 표시를 예외로 하는 고시를 막기 위해 시작했어요. 왜 화장품 용기만 예외인지 문제를 제기했고요. 시민들과 그 의견을 함께 모아 제로 웨이스트 매장·복지관·공방 등 전국 107곳의 가게에서 용기를 수거했고, 여성환경연대·녹색미래·녹색연합·알맹상점 등 여러 단체가 모여 두 차례 화장품 어택을 진행했습니다. 여러 번 성명서도 내고 해당 고시의 행정예고 게시판에 댓글 의견 게시 등 다양하고 압축적인 활동들이 6개월 동안 진행됐습니다.

고금숙　기업의 변화가 있었나요?

허승은　제도의 변화로 본다면 일부 단서가 붙었지만 화장품 용기도 재활용 등급 표기를 해야 하는 것으로 적용됐고요. 기업의 변화는 차차 기대해 봐야 할 것 같습니다. 저희가 요구한 내용은 세 가지예요. 첫 번째, 용기가 실질적으로 재활용될 수 있게 만들 것. 두 번째, 용기를 별도로 회수하는 재활용 체계를 갖출 것. 세 번째는 용기 없이 구매할 수 있는 리필 매장 활성화였어요. 재활용 문제뿐 아니라 용기 없이도 상품을 구매할 수 있는 사회를 위한 요청을 했다는 데 의미가 있다고 봅니다.

홍수열　저는 화장품 용기 어택이 쓰레기 어택의 진화형이라고 생각해요. 쓰레기 어택은 연대의 힘이죠. 각자 활동하다가, 특정 문제가 중요하니 어택을 하자는 의견이 나올 때 쓰레기에 관심 있는 단체와 개인이 결집해 선택과 집중을 한 경우라서 감동하게 돼요. 언론이 주목했던 이유도 전국의 제로 웨이스트 매장을 통해 화장품 용기가 모였고, 서울에 모인 화장품 용기가 다시 화장품 회사들 앞에 쌓인 거거든요. 앞으로 우리가 어택을 힘 있게 진행하려면 시민단체나 환경단체와의 연대가 아니라, 쓰레기에 관심 있는 개인들이 계속 어택에 동참할 수 있는 판을 벌이는 것이 중요하다고 봅니다.

고금숙　　배달 어택은 어떻게 진행됐나요? 배달의민족 본사 앞에서 캠페인을 했을 땐 반응이 어땠는지 궁금해요.

허승은　　코로나 이후 배달 음식을 굉장히 많이 이용하게 됐잖아요. 배달 음식 주문량이 급상승하면서 쓰레기도 많아졌고, 쓰레기로 인한 시민들의 스트레스를 언급한 기사들이 쏟아졌어요. 이걸 보면서 어떻게 하면 문제를 해결할 수 있을까 고민했죠. 그러다 2021년 배달 어택 캠페인을 하면서 시민들로부터 배달 용기를 수거하기 시작했어요. 4월 20일에는 시민들이 보내준 용기를 차에 가득 싣고, 지구의 날(4월 22일)도 가까웠기 때문에 지구본도 챙겨 배달의민족 본사 앞에 쏟아놓았어요. 그해 9월 2일에는 시민 1만 명의 서명과 함께 다회용기 서비스를 즉각 도입하라는 기자회견도 했습니다.

고금숙　굉장히 큰일을 하셨네요. 특히 인상 깊었던 점이, 원래 배달 앱으로 주문할 때 "일회용 수저를 주지 마세요"를 체크해야 됐잖아요. 그런데 이젠 수저를 원하는 사람이 체크하도록 배달업체들이 설정을 바꾼 거예요.

허승은　개별 기업에 요구하는 방식으론 문제가 해결되지 않는다고 생각했어요. 그래서 2020년 하반기에 배달업체 3사(배달의민족 요기요 쿠팡이츠), 홍수열 소장님, 환경부 사무관 이렇게 함께 간담회를 했어요. 공식화된 자리에서 일회용 수저 선택에 관한 기본 설정을 바꿔야 한다고 다시 한번 이야기했고요. 이후 배달업체 3사가 2021년 6월부터 시행하기로 결정했죠. 소비자들에게 혼란이 없도록 4월 22일부터 미리 홍보하기로 했습니다.

홍수열　요기요와 쿠팡이츠는 배달의민족이 시작하면 따르겠다는 입장이었어요. 마침 2021년 상반기에 배달·포장 음식에 일회용품 제공을 제한한다는 법 개정과 규제 강화가 예고되어 배달의민족도 피할 수 없는 상황이었고 나머지 두 업체도 자연히 동참하게 되었죠.

고금숙　역시 사회적 압박과 분위기가 중요하네요. 서로 미루다 규제로 인해 바꾼 거잖아요. 실제로 기본 설정만 바꿨는데 한 달에 1만 개 이상의 일회용품 식기를 줄였다는 기사를 봤어요. 의미 있는 변화라고 생각합니다.

홍수열　　또 하나 말씀드리면 배달업체는 배달 중개 업체죠. 배달 중개 업체와 영업에 관련해서는 일회용기에 주목해야 해요. 중개 업체는 중개수수료만 가지고 장사하는 게 아니라 음식점에 일회용기를 판매하는 영업도 하거든요. 다회용기가 늘면 이 비즈니스를 방해하는 요인이 되니 다회용기 사용에 소극적으로 나설 수밖에 없는 구조가 됩니다. 오히려 일회용기를 판매하는 시장이 배달 중개수수료 시장보다 더 커지고 있는 상황이에요. 배달의민족 영업 매출이 1조라면 절반은 일회용기 판매에서 얻는 셈이죠. 성장 전망이 더 큰 상황이니까 이 고리를 어떻게 끊을지 우리 소비자들이 좀 더 집중해야 할 문제라고 생각합니다.

고금숙　　수수료 이외에 일회용 용기를 팔아서 수익을 올리고 있었군요. 혹시 옵션 선택 외에 배달 용기에도 변화가 있었나요?

허승은　　실질적인 변화라면 경기도가 공공 배달 앱 '배달특급'으로 다회용기 시범 사업을 하고 있어요. 서울시는 요기요와 협력해 3개월간(2021년 10월~2022년 1월) 시범 사업을 했고요. 배달의민족은 그동안 환경 개선 캠페인은 했지만 문제의 핵심인 배달 용기는 해결하지 않았어요. 기업을 설득하고 비판하는 과정에서 시민들 의견을 전달하고, 결국 제도가 있어야 기업이 움직일 테니 이 과정을 함께 밟고 있습니다.

홍수열　민간 배달 앱에서 하는 시범 사업이 성공해야 앞으로 가능성이 더 커질 겁니다.

허승은　네, 마지막으로 당부하고 싶은 건 이 시스템이 잘 적용되고 소비자들의 반응이 좋아야 다양한 앱을 도입할 수 있을 것 같아요. 다회용기 배달 서비스가 도입된다면 꼭 이용해 보시고요. 경기도 화성 동탄 1, 2 지구에 사는 분들은 배달특급 이용이 가능하니 한번 찾아보시면 좋겠어요. 소상공인을 지원하기 위한 앱이라서 민간 앱보다 이용률이 낮을 수밖에 없잖아요. 소비자들에게 외면받을 수 있으니 지속적인 응원이 필요합니다.

고금숙　시민들이 커뮤니티를 통해 어택을 하고, 이에 제로 웨이스트 매장과 환경단체 모두가 대동단결해서 진화하고 있는 것 같아요. 이번에는 개인으로서 충실하게 역할을 수행 중인 소일 님 이야기를 듣겠습니다.

제로 웨이스트는 처음이지만
꼭 필요한 소비만

소일　저는 반납 운동, 쓰덕마을(쓰레기 덕질 마을) 등 개인이 할 수 있는 일에 계속 참여하고 있어요. 2021년에는 『제로 웨이스트는 처음인데요』라는 책을 출간했고요.

고금숙　기억에 남는 활동이 있나요?

소일　강연할 때 대량생산, 대량 폐기는 지속 가능하지 않다는 내용을 설명하자 기업의 역할을 질문하던 분이 떠오르네요. 예전에는 물건을 생산하고 판매하기만 하면 기업이 제 역할을 다한 걸로 봤지만, 지금은 재활용에서 다시 순환하는 과정까지 책임져야 한다고 말씀드렸죠. 그러니 어택 대상이 된 기업이 변화하지 않으면 소비자들은 외면할 수밖에 없다고요.

고금숙　소비자의 역할이 여러모로 참 중요하네요. 실천하기 쉽고 추천할 만한 제로 웨이스트 활동이 있을까요?

소일　물건을 안 사는 거죠. 무슨 물건인지 따지는 게 아니라 아예 물건을 안 사는 거예요. 세상에 이미 많은 물건이 나와 있고 충분히 풍요로운 상황인데 석유나 석탄, 화석연료로 모래성을 쌓는 상황이잖아요. 이 상태를 지속한다는 건 불가능하니 소비를 줄이고, 꼭 필요한 소비로 쓰레기를 만들지 않는 방식으로 순환해야 하는 거죠.

홍수열　맞아요. 물건을 전혀 소비하지 않는 극단적인 실천보다는 불필요한 소비가 없어져야 하죠. 필요한 소비는 공유경제 개념으로 돌려쓰고요.

고금숙   그럼 다회용기도 공유경제인 거네요?

홍수열   그렇습니다. 소유 경제에서 공유경제로, 모든 것이 결국 소비 방식을 바꿔야 하는 문제예요.

허지현   그래서 요즘은 물질 소비보다 노동에 돈을 내는 쪽으로 생각하고 있어요. 사람들은 물건을 안 사면 경제는 어떻게 되냐고 걱정하는데요. 돈은 어디에 쓰는지가 관건이거든요. 화석연료 생산하는 곳에 쓸 돈을 사람들 노동에 팍팍 쓰면 됩니다.

홍수열   방금 지현 님이 얘기한 딜레마는 순환경제를 이야기할 때 단골 소재입니다. 소비 축소와 일자리 문제가 충돌하는 것처럼 보이죠. 그런데 소비 자체를 하지 말자는 게 아니잖아요. 소비하되 자원과 에너지를 낭비하는 소비는 피하자는 거죠. 지금과는 전혀 다른 상상력으로 새로운 경제를 만들어야 합니다.

지구를 닦는다
담배꽁초 어택

고금숙   네, 완벽한 대안은 없겠지만 다양한 선택, 더 좋은 방법과 쓰레기를 줄일 수 있는 방향을 고민하는 일은 늘 필요한 것 같아요. 마지막으로 황승용 님을 만나보겠습니다.

황승용   저는 9년 차 직장인으로 관광업 분야에서 일하고 있어요. 소소하게 쓰레기를 줍다가 아내를 포함한 네 명이 지구를 닦는 사람들 '와이퍼스' 모임을 만들게 됐죠. 저는 닦장이고, 멤버들은 닦원이라고 불러요. 지금은 오픈채팅방에 500명 이상 모인 커뮤니티가 됐습니다.

고금숙   환경부 장관상도 받으셨잖아요. 어떤 계기로 환경에 관심을 가지게 됐나요?

황승용   사실 환경에 관심이 없었어요. 페트병 생수와 배달 음식을 즐기며 살다가 수기 공모전에 참가하면서 계기를 만났죠. 2019년 환경 에너지 수기 공모전인데요. 유럽연합에서 초청도 해주고 상금도 100만 원이나 되더라고요. 마감 전 두 달간 환경 활동을 열심히 해서 글을 써야겠다고 마음먹었죠. 그렇게 주제를 찾던 중 우연히 다큐멘터리 <플라스틱 지구>를 보게 됐는데, 한 아이가 캘리포니아에서 쓰레기를 줍는 장면이 나왔어요. 어린아이도 환경을 살리려고 노력하는 걸 보니 부끄럽고 창피했죠.

고금숙　　담배꽁초 어택은 어떻게 하게 됐나요?

황승용　　쓰레기를 줍다 보니 담배꽁초가 엄청 많은 거예요. 그래서 꽁초 어택을 시작했어요. 처음엔 꽁초를 잘 모아서 편지를 동봉해 KT&G에 보냈죠. 보내는 것 자체도 미안해서 미리 홈페이지에 글도 남겼어요. 그런데 관련 부서에서 연락을 준다고 해놓고 4개월 동안 연락이 없는 거예요. 관심을 끌어내려고 꽁초를 한 번 더 모아보자는 생각에 이번엔 알맹상점과 함께 담배꽁초를 7,000개비 정도 주웠어요. 그때 참여한 40분이 쓴 롤링 페이퍼도 보냈는데 결국 '무시'로 끝났어요. 폐기물 부담금을 연간 450억씩 내며 기업의 소임을 다하고 있다면서 말이죠.

고금숙　　처음에는 예의를 차려 어택을 했는데, 나중에는 점점 분노한 거네요?

황승용　　처음 저희 요청은 필터에 셀룰로오스아세테이트라는 플라스틱이 들어있으니 생분해 소재나 대체 소재를 검토해 달라는 거였어요. 만약 써야 된다면 플라스틱 문제를 유발하는 성분은 담뱃갑에 기재하거나 소비자에게 알려달라고 했죠. 또 수거에 대한 책임을 요청했는데 계속 응답을 회피해서 2차 꽁초 어택을 진행하게 됐습니다. 그때는 전국적으로 80분이 동참했고 2만 5,000개비를 보냈어요.

고금숙　다른 캠페인도 같이 하신 건가요?

황승용　단순히 꽁초를 보내는 것보다 재미난 요소를 더해 정책적인 변화를 가져오고 싶었어요. 그래서 2021년 9월 '환경부 장관에게 편지 쓰기' 캠페인을 열었는데요. 전국에서 180분이 편지를 보내왔어요. 우연히 그 시기에 제가 환경부 장관상을 받으면서 그 인연으로 가장 잘 쓴 학생의 편지를 환경부 장관 측에 전달하게 됐고요. 강북구에서 열린 담배꽁초 수거·재활용 협약식에 운 좋게 와이퍼스가 초대되어 환경부 장관에게 꽁초에 대한 해결책을 묻기도 했어요. 최근에는 3차 꽁초 어택을 했는데요. 전국에서 모인 꽁초가 7만 5,000개비나 됐는데요. 지금까지 총 10만 개비의 꽁초를 기업에 전달했습니다.

고금숙　사심 어린 마음으로 시작했는데 환경부 장관상까지 받으셨네요. 앞으로 더 즐거운 일들이 많이 생겼으면 좋겠습니다.

지속가능한 활동을 위한
우리의 태도 그리고 바람

최지   이런 활동을 하기 위해서는 단체는 단체의 역량, 활동가는 활동가의 역량, 시민은 시민의 역량이 있다고 봐요. 서로를 인정해 주고 상호작용이 잘돼야 해요. 서로의 역할을 배워가는 과정이 필요하다고 생각해요.

홍수열   저도 동의하는데요. 구체적인 활동을 통해 서로 신뢰를 쌓아가는 과정을 밟아가야죠. 지금은 그 과정에 있다고 생각하고요. 활동하다 보면 서로 상처를 많이 받기도 하는데 그걸 극복해야 해요. 쓰줍인들도 꽁초 어택을 해요. 근데 꽁초는 누구나 잘 모을 수 있지만 중요한 건 효율적으로 어택하고 목표를 명확하게 하는 것이거든요. 생산자에게 효과적으로 시도할 수 있는 어택은 담뱃갑 표시제도예요. 친환경 필터가 중요한 게 아니라, 담배꽁초는 플라스틱이기 때문에 절대로 투기하면 안 된다는 표기를 법으로 만들면 의무화가 되잖아요. 단체는 이런 부분을 잘하니까 서로 좋은 결과를 내면 좋겠습니다.

소일   혼자서 환경운동을 실천하기 어렵잖아요. 누군가와 관심사를 나누고 싶은데 주변에 잘 없으니까요. 온라인에선 찾기 쉬워요. 와이퍼스, 쓰줍인, 쓰덕마을, 쓰담쓰담 모두 좋아요. 활동에 최대한 참여하면 그게 환경 활동가가 되는 거라고 말씀드리고 싶어요.

백나윤　　저는 시민단체에 있다 보니까 시민들이 원하는 운동을 해야 하는데 주제 선정이 어렵더라고요. 사실 시민들의 공감을 얻기 위한 활동이 힘든데 다행히 요즘은 시민들이 환경에 대한 의식이 굉장히 높아져서 저희에게 많은 요청과 제안을 해주세요. 오히려 저희가 도움을 받는 것 같아요.

허지현　　처음 시작할 때도 성공을 바라고 한 건 아니에요. 기업에 반납 건의를 하면 조금이라도 변화가 있을 거라는 막연한 기대 같은 거였고요. 그런데 많은 사람들이 동참해 주셨어요. 만약 5년 전에 제가 반납 건의를 했다고 생각해 보면 잘 안됐을 거예요. 지금은 단체를 만들어보라, 더 많은 일을 해보라는 등 제안을 해주시는데요. 제일 힘든 건, 활동 제안은 많이 들어오는데 그 활동에 대해 서로 정당한 임금을 주고받지 못하는 점이에요. 왜 그런지 모르겠지만 환경 분야는 임금이 너무 적어요. 환경 활동이 지속 가능하려면 정당한 임금이 뒷받침되어야 해요. 그래야 각 분야의 전문가들이 환경 분야에도 적극적으로 임할 수 있고 환경을 보호하는 방법의 퀄리티가 높아질 수 있어요.

고금숙　　네, 물건보다 사람에게 투자하라는 말씀 잘 들었습니다. 다양한 소비 방법, 대안적인 삶이 만들어지길 기대하면서 마지막으로 각자 활동 계획을 들어볼게요.

백나윤　　2021년, 대형 커피 프랜차이즈 매장에 직접 공문을 보냈었는데요. 매장 내에서 일회용 컵 사용을 전면 금지할 생각이 있는지 묻는 질의서였죠. 커피 전문점이 스스로 일회용 컵을 쓰지 않겠다는 선언을 할 수 있게끔 촉구하는 활동이에요. 매장 안에서 다회용 컵만 사용할 수 있도록 추진하겠습니다.

허승은 　다회용기 서비스를 시범 사업으로 도입한다는 내용이 아직 사회에 안착하진 않아서 이 문제를 계속 파고들 계획입니다. 환경부는 2019년 일회용품 저감 대책으로 2030년에 다회용기 사용 전환을 유도하겠다는 정책을 발표했는데요. 즉 10년 동안 일회용품 사용을 유지한다는 거죠. 환경부의 정책 방향은 여전히 일회용기의 두께나 재질을 표준화해 재활용이 조금이나마 잘되게끔 만드는 데 맞춰져 있어요. 일회용기가 아니라 다회용기의 표준화를 계획하는 식으로 방향을 바꿔야 해요. 규칙을 설정하는 제도를 만들기 위해 함께 참여해주시면 좋겠습니다.

황승용 　지금까지 어택으로 명명해 왔지만 사실 지구를 닦는 활동이 담배꽁초 어택으로 이어졌어요. 계속 해온 대로 유쾌한 어택 방법을 논의해 볼 거고요. 와이퍼스의 활동 자체가 플로깅 문화로 끝나지 않고, 환경에 관심 없는 분도 동참할 수 있도록 노력하겠습니다.

허지현 　1년 전부터 종이팩에 관심을 가지고 있어요. 종이팩을 어떻게 할지 고민하고 있는데 캠페인을 진행하게 된다면 많은 참여 부탁

드립니다.

최지   저는 개인이라서 조직화된 어택은 무리지만 동네 공무원을 대상으로 자주 어택을 하고 있어요. 이 동네는 재활용을 안 하는지 문의하는 등 여러 민원을 넣고 있어요. 지역 주민들과 조직적으로 뭉치면 더 힘을 받겠지만 쉽지 않거든요. 그렇다고 아무것도 안 할 수도 없으니 앞으로도 꾸준히 민원을 넣으면서 공무원 어택을 진행할 거예요.

홍수열   쓰레기 제로 사회로 가는 방법은 나무 심기라고 생각합니다. 플라스틱 어택도 마찬가지고요. 당면한 과제에 대해서 계속 나무를 심다 보면 어느 순간 쓰레기 제로 숲이 울창해질 겁니다. 눈앞에 당면한 과제에 맞서 해야 할 일들, 역할들, 발언들을 꾸준히 해나가다 보면 우리가 바라는 사회로 조금씩 갈 거라고 생각합니다. 지치지 말고 즐겁게 연대하면서 쓰레기덕질을 하면 좋겠어요.

고금숙   네, 오늘 대담은 '즐겁고 힙하게' 연대하는 걸로 마무리를 지어볼게요. 진행하는 동안 힘 나는 시간이었습니다. 우리 서로서로 연대하는 쓰레기덕질로 함께 제로 웨이스트 사회를 만들어나가요.

지금
우리 곁의 쓰레기

제로 웨이스트로 가는 자원순환 시스템 안내서

2022년 6월 30일   1판 1쇄 펴냄
2023년 6월 20일   1판 3쇄 펴냄

지은이   홍수열 고금숙
펴낸이   이미경

기획 편집   숙자
모니터링   조민정 윤은미 김이초
디자인   ALL designgroup
사진   유혜민·하남시청 홈페이지
제작   올인피앤비

펴낸곳   도서출판 슬로비
            등록 제2013-000148호
            전화 070-4413-3037 팩스 0303-3447-3037
            메일 slobbiebook@naver.com
            블로그 blog.naver.com/slobbiebook

isbn   979-11-87135-25-8(03330)